최고의 인재를 찾기 위한
단 하나의 질문

최고의 인재를 찾기 위한
단 하나의 질문

펴낸 2018년 2월 22일 1판 1쇄

지은이 이선구·홍성원
펴낸이 강유균
교정·교열 이교숙·김아름
경영지원 이안순
디자인 윤대한
마케팅 PAGE ONE 강용구
홍보 김범식

펴낸곳 리드리드출판(주)
출판등록 1978년 5월 15일(제 13-19호)
주소 경기도 고양시 일산서구 고양대로632번길 60, 405호(일산동, 대우이안)
전화 (02)719-1424
팩스 (02)719-1404
이메일 gangibook@naver.com
홈페이지 www.readlead.kr
ⓒ 이선구, 홍성원

ISBN 978-89-7277-318-4 13320

- 저자와 맺은 특약에 따라 인지는 붙이지 않습니다.
- 이 책은 리드리드출판(주)와 저작권자와의 계약에 따라 발행한 것이므로 본사의 허락 없이는 어떠한 형태나 수단으로도 이 책의 내용을 사용하지 못합니다.
- 잘못된 책은 바꾸어 드립니다.
- 책값은 뒤표지에 있습니다.

이 도서의 국립중앙도서관 출판예정도서목록(CIP)은 서지정보유통지원시스템 홈페이지(http://seoji.nl.go.kr)와 국가자료공동목록시스템(http://www.nl.go.kr/kolisnet)에서 이용하실 수 있습니다.(CIP제어번호: CIP2018001770)

최고의 인재를 찾기 위한

단 하나의 질문

면접관 질문 가이드 & 지원자 학습 가이드

이선구 · 홍성원 지음

리드리드출판

들어가는 글

　면접이 채용을 결정하는 중요한 시대가 되었다. 블라인드 채용방식으로 이력서 기준 양식이 바뀌면서 더욱더 면접의 비중도가 높아졌다. 100대 1의 경쟁률이 보통의 경쟁이 되어버린 요즈음, 취업이나 전직을 앞둔 사람들은 어떻게 하면 면접을 잘 치를 수 있을까 노심초사한다. 반대로 기업은 수많은 지원자들 속에서 어떻게 하면 최고의 우수 인재, 최적의 인재를 식별해낼 수 있을까에 대해 고민한다. 역량평가, 역량면접 등 구조적 면접기법이 도입되고, 오디션면접, 합숙면접 등의 이색적인 면접방식이 등장하기도 한다.

　그러나 채용을 위한 면접방식이 다양해지고 있지만, 면접의 핵심은 역시 '질문'에 있다. '질문이 없는 면접'은 생각할 수 없다. 인터넷에 '면접질문 베스트', '단골질문' 등의 키워드로 검색하면 수백 개의 면접질문 정보를 찾아볼 수 있다. 지원자들은 이런 질문 목록이나 각종 면접기법 AC, PBI, SI, CI 등에 대한 자료를 토대로 치열하게 면접 준비를 한다. 하지만 면접관들의 준비는 상대적으로 훨씬 부족한 게 현실이다.

　면접관의 역할과 임무는 사전에 많은 면접 학습과 준비를 한 지원자들 속에서 진짜 우수한 인재, 원하는 인재를 골라내는 데 있다. 필자가 여러 조직에 면접위원으로 위촉되어 가거나 면접관 양성교육을 할 때마다, 면접관들을 위해 이론적으로 정리가 되어 있으면서도 실용적으로 쉽게 활용 가능한 책이 있으면 좋겠다고 생각했다.

이 책은 그런 고민의 과정을 거친 결과물이다. 우리 사회는 대규모 공채가 일반적 채용 관행이어서, 채용시기가 되면 기업경영자나 관리자 대다수가 면접관으로 참여한다. 그런데 대다수 관리자가 면접이 무엇인지 모르지는 않으면서도 많은 고민을 하게 된다. '어떤 질문을 어떻게 해야 하나', '지원자의 답변을 어떻게 판단해야 하나' 등등. 이런 고민을 하는 사람들을 위한 면접질문의 구체적인 논리나 기술을 소개하는 체계적인 책이 없다.

최근 많은 조직에서 역량평가나 구조적 면접 체계를 적극 도입하고 있다. 면접관은 구조적 면접의 표준에 따라 주어진 평가과제나 질문을 숙지하고 역할 수행을 하면 되니까 특별히 면접 스킬을 갖출 필요가 없다고 생각하지만, 사실 구조적 면접일수록 면접관의 역할과 수준이 높아져야 한다.

이 책은 특히 면접질문에 초점을 두고 있다. 단순히 면접질문을 소개하는 것에 그치지 않고 다양한 목적에 따라 사용 가능한 최고의 질문을 소개한다. 나아가서 면접질문을 효과적으로 사용하는 방법, 질문을 응용하는 방법, 질문에 따른 평가 포인트 등에 큰 비중을 두고 있다. '면접관의 수준이 뽑는 인재의 수준이다'라는 말이 있듯이, 면접관의 수준이 높아야 좋은 인재, 원하는 인재들을 선발할 수 있다.

한편, 이 책은 지원자들에게도 큰 도움이 된다. 면접에 임하는 자세, 단골질문과 모범적 답변, 단정한 외모 등 이른바 '면접을 잘 보는 방법'에 대한 책이나 정보들은 무수히 많지만, 면접관의 질문이나 심리, 평가 원리 등을 소개하는 자료는 없다. 면접에서 진정으로 중요한 것은 지원자들의 실제 역량과 인성이며, 이는 면접장면에서의 언행으로 평가된다. 필자는 '면접관들이 어떤 방법으로 지원자의 진정한 역량과 인성을 판별하는가에 대한 기본 원리를 지원자들이 이해하는 것이 다른 어떤 면접 준비보다 효과적이다'라고 생각한다.

이 책의 기본 정신은 다음과 같다.

- 인사人事가 만사萬事다.
- 인재평가·선발에서 면접은 최적의 인재를 뽑는 필수적인 방식이다.
- 면접은 기본적으로 '질문'과 '답변'이 오고가는 의사소통 과정이다.
- 의례적이고 관행적 면접은 시간만 낭비할 뿐이다.
- 뽑고자 하는 인재의 수준과 인재선발의 효과는 면접관의 수준과 비례한다.
- 따라서 면접관의 품격과 면접 능력이 높아져야 한다. 특히, 질문하는 능력과 답변 해석 능력이 중요하다.
- 또한 지원자도 임기응변의 모범답안보다는 평가 원리의 이해를 통해 자신의 사고와 행동방식의 혁신을 근본적으로 추구해야 한다.

이선구·홍성원

차 례

들어가는 글 ······ 4

PART 1 면접질문의 이해와 활용

01 인재평가와 면접의 시대

| 면접에 대해 얼마나 알고 있는가 ······ 17
| 인재선발의 오류 ······ 22
| 면접관의 착각과 허상 ······ 27
| 면접지원자의 오판 ······ 31
| 채용면접의 실체 ······ 34

02 면접질문에 대한 이해

| 면접유형과 질문에 대한 이해 ······ 42
| 면접질문의 개발과 평가 ······ 48
| 면접질문의 구성원리 ······ 58

03 좋은 질문의 조건

| 좋은 질문과 나쁜 질문 65
| 마이너스 면접, 플러스 면접 68
| 면접관으로서의 질문 능력 테스트 73

PART 2 최고 인재를 찾아내는 단 하나의 질문

04 단 하나의 질문_인성

| 채용면접에서의 단 하나 최고의 질문 81
| 지원동기를 파악하는 최고의 질문 88
| 인성 전반을 파악하기 위한 최고의 질문 95
| 인성평가의 질문 방향과 평가 포인트 98
| 윤리의식, 정직, 투명성을 파악하기 위한 최고의 질문 104
| 열정·도전정신을 파악하기 위한 최고의 질문 107

| 성실성·책임감을 파악하기 위한 최고의 질문 ······ 110

| 가치관 평가의 방향과 평가 포인트 ······ 113

| 인생관을 파악하기 위한 최고의 질문 ······ 117

| 직업관을 파악하기 위한 최고의 질문 ······ 120

| 작업관을 파악하기 위한 최고의 질문 ······ 122

| 대인관계 가치관을 파악하기 위한 최고의 질문 ······ 125

05 단 하나의 질문_직무역량

| 직무역량과 역량면접 ······ 129

| 역량면접의 방향과 평가 포인트 ······ 133

| 직무역량을 확인하는 최고의 질문 ······ 137

06 단 하나의 질문_기타

| 개인의 강약점을 파악하는 최고의 질문 ······ 145

| CEO의 18번 면접질문 ······ 149

| 피해야 하는 금기질문 ······ 159

07 경력사원 면접질문

| 경력사원 면접의 중요성 165
| 경력사원 채용의 PCR 면접 프로세스 171
| 경력사원 면접을 제대로 하는 기술 180

PART 3 효과적인 질문과 최고의 답변

08 효과적인 질문과 노하우 익히기

| 질문 테스트 Review 189
| 효과적인 질문 익히기 192

09 면접 합격을 위한 최고의 답변

| 거꾸로 보는 질문과 답변 203
| 질문 의도와 답변 포인트 226

면접질문의
이해와 활용

PART 1

01
인재평가와 면접의 시대

면접에 대해 얼마나 알고 있는가

채용면접이 무엇인지 모르는 사람은 없다. 그러면서도 면접을 앞둔 지원자나 면접관 모두 고민에 빠진다. '어떤 질문을 할까?', '어떻게 답변하나?'

면접 준비를 너무 많이 해서 웬만한 예상 질문과 답변을 달달 외우고 있는 지원자! 실제로는 면접에 대한 체계적인 지식이 없으면서도 면접 경험이 많다고 큰소리치는 면접관! 과연 우리는 면접에 대해 얼마나 알고 있을까?

● **비중이 점점 높아지는 면접**

기업에서는 인재를 채용할 때 오랫동안 면접방식을 적용해왔다. 기업마다 약간의 차이는 있지만, 인재 홍보 및 활동을 통해 우수 인재를 모집하고, 「서류전형 → 인·적성검사 → 실무자 면접 → 경영진 면접」 등의 다단계 과정을 거쳐 원하는 인재를 선발한다. **인재채용절차의 마지막 단계는 반드시 면접이다.** 면접이 없는 채용절차는 생각할 수 없다.

최근 각 기업에서는 우수 인재 또는 최적 인재를 선발하기 위해 다양한 방식의 면접을 적극 도입하고 있다. 예를 들면, 부서장, 임원, CEO 이외에 젊은 사원 대리직급이 면접관으로 등장하기도 하고, 편안하게 술 한 잔하면서 이야기를 나눌 수 있는 호프집에서의 자연스러운 선후배 대화, 또는 엠티MT 형식으로 1박 2일 동안 다양한 단체 활동을 통해서 인재를 선발하기도 한다.

이러한 시도는 모두 기업이 원하는 인재를 선발하기 위한 노력이다. 최근 면접관이 질문하고 지원자가 답변하는 전형적인 문답식 면접은 CEO 중심의 경영진 면접에만 적용하고, 실무자 면접에서는 집단토론, 발표, 상황극 연기 등 다양한 역할면접simulation-based interview, 과거 경험을 심층적으로 파헤치는 행동면접BEI : behavioral event interview, 오디션 면접 등이 일반화되고 있다.

행정고시 등 공무원 임용고시에서의 합격자 선발방식에서도 큰 변화가 일어나고 있다. 과거 오랫동안 공무원 시험에서의 마지막 면접은 통과의례적인 절차라고 생각하는 경향이 짙었다. 그러나 얼마 전부터 2차 시험 합격자라도 마지막 면접에서 탈락하는 경우가 생겼다. 3차 면접은 주로 블라인드 면접blind interview으로 진행되기 때문에 면접에서 좋은 평가를 받지 못하면 아무리 2차 시험성적이 우수해도 탈락하게 된다.

2006년 7월 이후 중앙부처 과장급에서 고위공무원(중앙부처의 국장

급 이상)으로 승진하기 위해서는 반드시 역량평가를 통과해야 한다. 승진후보자가 고위공무원의 필요한 역량을 충분하게 갖추고 있는가를 파악하기 위해 실시하는 공무원 역량평가에서는, 다양한 모의상황 과제를 후보자에게 제시하고 여러 전문가들의 관찰과 면접을 통해 평가가 이루어진다. 이른바 '평가센타 방식'의 역량평가AC: assessment center method이다. 이후 2008년 서울시 5급 사무관 승진후보자 선발, 2010년 중앙부처 과장 보임자 선발에서도 역량평가가 도입된 후, 승진후보자에 대한 역량평가는 정부 부처만이 아니라 공공부문 전체에 확산되었다.

공무원의 승진은 그동안 승진시험과 근무평정을 통해 이루어졌다. 그러나 승진시험 점수로 승진자를 선발하는 방법이 객관적이고 공정한 방법이긴 하지만, 과연 올바른 선발방법인가에 대한 의문이 계속 제기되어 왔다. 기본적으로 타당도 측면에서 문제 제기가 꾸준히 있어 왔고, 시험 준비를 위해 업무 공백을 초래하는 문제점 등을 노출했다. 최근 들어 공무원의 임용 및 승진에서 **다양한 심층면접방식으로 역량을 평가하여 최적 인재를 선발하고자 하는 노력은 타당성과 공정성을 동시에 높이고, 공공부문의 조직에 변화와 자극을 주기 위한 전략적 선택**이라고 할 수 있다.

'총장을 모십니다', '사장구인 광고' 등을 요즈음 자주 목격하게 된다. 과거에는 생각지도 못했던 조직의 최고 정점에 있는 사람, 대학총장이나 교장, 기업의 CEO, 국회의원 공천자, 장관 등의 후보자를 결정할 때도 면접을 보는 것이 일반적인 대세가 되었다(국회의원 공천 후보자 면접이 1인당 5~10분 정도로 형식적으로 운영되기 때문에 체계적이고 구조적인 방법에 의한 심층면접이라고 할 수는 없지만).

이는 우리 사회가 점차 인재의 중요성을 인식하고 올바른 인물을 좀 더 합리적인 방식으로 뽑기 위한 노력의 일환이다. 경쟁이 점차 치열해지고 지식과 정보기술의 변화가 심한 불확실성의 시대에는 조직의 최고책임자의 리더십과 역량에 의해 조직의 성패가 좌우되고 성과에 큰 영향을 미치기 때문이다.

● **Screening-out & Select-in**

우리나라 대기업의 신입사원 공채는 대규모로 이루어진다. 요즈음 채용인원 대비 지원자 수, 즉 경쟁률은 100대 1 이상이 일반적 현상이다. 공무원 시험에서도 수만 명이 참여한다. 때문에 모든 지원자를 대상으로 면접을 진행하는 것은 현실적으로 불가능하며, 일정한 기준에 미달하는 지원자를 미리 걸러내어 면접 대상자의 수를 대폭적으로 줄이는 과정이 필요하다. 이때 사용하는 방법이 서류전형과 인·적성검사이다.

이렇게 **지원자 수를 줄이는 작업을 '부적격자 걸러내기**Screening-out**'**라고 한다(다만, 이 단계에서 중시되던 영어점수, 출신학교 등 직무수행과 무관한 스펙을 완화하기 위한 방안들이 최근 도입되고 있다. 블라인드 채용, 능력 중심 채용 등).

그다음에는 기업이 원하는 인재상에 부합하는 최적 인재를 찾아내는 단계인데, 이때 적용하는 방법이 기본적으로 채용면접Job Interview이다. 서류전형을 통과하고, 인·적성 검사나 논술시험에 합격하더라도 최종 채용 여부를 확신할 수는 없다. 1차 실무 면접인원만 하더라도 보통 최종적인 채용 예정인원의 5~10배, 2차 경영진 면접은 3~5배수 정도이기 때문이다. 따라서 채용 프로세스에서 **인재를 선발하는 가장 핵심은 면접이다.** 이것을 '적격자 선발Select-in' 이라고 한다.

따라서 면접이 효과적으로 이루어져야만 제대로 원하는 인재를 얻을 수 있으며, 면접이 중요한 이유도 바로 여기에 있다. 면접은 채용 프로세스의 마지막 단계에서 적용하는 인재선발 방법이다. 모든 채용과정에서 면접을 생략하고 인재를 채용하는 경우는 거의 없다.

인재선발의 오류

'내가 사람 보는 눈은 정확해!', '면접 그까짓 것 대충 봐도 알 수 있지 않아!' 이렇게 큰소리치는 기업의 CEO나 부서장을 만나면 나는 속으로 쓴 웃음을 짓는다. '오늘 면접 잘 치렀지, 아들?' 이런 엄마의 질문에 '뭐 크게 까다롭거나 어려운 질문이 없어서 잘한 것 같아'라고 답변하는 지원자들이 탈락하는 경우는 비일비재하다. 면접관의 착각! 그리고 지원자의 오판에서 우리는 면접의 실체를 좀 더 정확하게 알 필요가 있다.

● 인사선발 오류

인재를 제대로 선발하기는 정말 어려운 일이다. 기껏 좋은 인재라고 뽑아서 온갖 신경과 관심을 갖고 키운 인재가 몇 달 후에 다른 기업으로 가겠다고 사표를 쓰고 이직하는 경우가 종종 있다. 서류전형과 시험에 통과한 지원자들 중에서 면접을 통해 우수한 사람(오래 근무하면서, 일 잘하고, 성과도 높고, 조직에도 잘 적응할 사람)을 뽑는다. 그런데 이런 기대치가 무너지는 경우가 비일비재하다.

 인사선발 오류

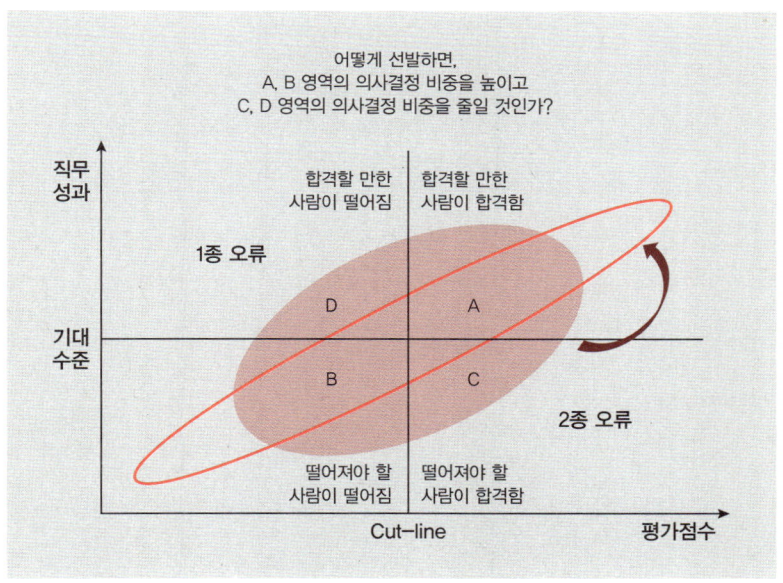

아마도 그 반대인 경우도 많을 것이다. 진짜 인재일 가능성의 지원자들이 면접에서 탈락하여 입사하지 못하는 경우도 있다. 다만 우리가 이를 확인할 수 없을 뿐이다.

전자는 제2종 오류, 후자는 제1종 오류라고 한다. 인사선발 의사결정에서 제1종, 제2종 오류를 완전하게 피할 길은 없다. "천 길 물속은 알아도, 한 길 사람 속은 알 수 없다"는 속담처럼 인간(면접관)이 잘못된 의사결정을 할 가능성은 항상 존재한다. 사람이 사람을 평가하기 때문이다. 다만 그 비중을 줄이는 노력을 할 뿐이다. [그림 1-1]에서처럼 **A와 B의 면적 비중을 최대한 크게 하고 C와 D의 면적 비중을 최소로 하려면 어떻게 해야 할까?** 그것을 위해 이 책을 준비했으며, 필자들의 평소 주요 관심사이다.

● **평가자 오류**

누구나 알고 있듯이 면접은 취약점이 많은 인재평가기법이다. 면접에 적용하는 평가기준이 명료하지 못하거나 채택한 면접기법이나 시간, 장소 등 평가운영 체계의 제약으로 인해 정확한 평가가 어려울 수도 있다. 하지만 대개의 경우 면접관의 주관과 선입관, 감정, 부족한 평가 능력 및 지식 등 주로 면접관으로 인해 평가오류가 생겨난다. 이것을 평가(자) 오류라고 한다.

선발 오류를 줄이기 위해 평가기준, 면접기법, 면접 운영방식 등 제도적 개선과 보완을 꾸준히 해왔다. 그러나 이러한 개선과 보완 노력에도 불구하고 선발 오류는 결국 평가자(면접관) 오류에서 일어난다. 이는 평가자(면접관) 훈련이 중요한 이유이다.

[표 1-1] 평가자(면접관) 오류

후광 효과
(halo effect)
	• 하나가 좋으면 나머지도 모두 좋게, 하나가 나쁘면 나머지도 나쁘게 평가함
	  (편견 작용)
	  – 소통 능력이 뛰어나면, 다른 역량도 좋은 것으로 판단함
	  – 학력, 외모, 출신 배경 등 비평가 요소에 의한 영향
	  – 과거의 성적에 영향받음
	  – 평가자 자신이 중요시하는 요소가 뛰어나면, 다른 요소도 우수하게 인식
	• 후광오류로 인해 평가점수가 낮아지는 경우에는 특히 나팔오류 horns effect 라
	  고도 함

중심화 경향
(관대화/엄격화
경향)
	• 전반적으로 중간을 선호하는 경향(높거나 낮은 점수를 주는 경향)
	• 직무능력이 아닌 인간관계(혈연, 학연, 지연, 친밀 관계 등)에 비중을 두거나,
	  관찰·기록의 부족으로 인해 평가의 자신감이 부족할 때 자주 나타남
	• 피평가자를 잘 모르는 경우에 낮은 평가점수를 주는 것을 회피하는 경향이
	  나타날 수 있음(관대화 경향)
	• 평가요소의 기준이 불명확할 때도 나타남

대비 오차
(유사성 효과)
	• 평가자 본인 또는 특정인, 특히 바로 직전에 평가한 다른 피평가자와 대비해
	  서 판단을 내리는 경향(주관적 관찰로 인한 오류)
	• 평가자 본인과 유사한 특성(성격, 종교, 가치관 등)이 뛰어나면 우수하게 평가
	  하는 자기중심적 판단성향을 특히 유사성 오류라고 함
	• 우수관리자가 평가자일 때 자주 나타남
	  예) 내가 젊었을 때에는 이러이러했다는 것이 기준이 됨

논리적 착오	평가요소 간의 겉으로 보이는 논리적 일치(탁상공론식 평가로부터 오는 오류)

기말 효과
(최신 효과)
	• 평가 시기의 어떤 임박한 사실에 큰 영향을 받음
	  – 대개 과거(3~4개월 전) 일은 잊어버림
	  – 평소 피평가자에 대한 업무수행 기록을 남기지 않음
	• 시뮬레이션이 종료되기 바로 직전의 정보에 큰 비중을 두고 이전에 있었던
	  많은 정보를 무시하고 판단하는 오류

첫인상 효과	• 처음 5분 정도에 느낀 인상을 근거로 피평가자에 대한 호·불호, 우수·열위,
	  특정의 이미지 등을 범주화시켜서 평가하는 경향
	• 평가자가 시간이 흐르면서 얻게 되는 새로운 정보를 객관적으로 수용하기보
	  다는, 먼저 내린 자신의 결정을 확인하고 지지하는 정보를 선택적으로 반응
	  하는 경향이 나타남

부정적 정보 효과	몇 가지 긍정적인 정보보다는 한 가지 부정적인 정보로부터 더 큰 영향을 받아 판단을 내리는 경향(부정적인 정보가 지닌 가치, 영향력을 과대평가하기 때문)
고정관념 효과	면접관이 이상적인 지원자에 대해 자기 나름대로 고정관념을 가지고 있는 경우 응답 내용이나 표준 답안보다도 고정관념과 지원자의 이미지가 일치하는 정도에 따라서 평가하는 경향 　예) 20대가 40대의 패션 코드 → 고루한 성격일 거야. 　　　유명대학 졸업 → 모든 걸 잘할 거야.
시각 단서 효과	지원자가 답변하는 말의 내용보다 지원자의 태도나 동작, 행동 등과 같은 비언어적 시각 단서가 면접관의 평가에 더 큰 영향을 미치는 경향 　예) 메라비언 연구 : 몸짓 55%, 음색 38%, 말 7%(노먼 라이트 연구)
방어적 관점	자기가 알고 있는 사실은 집중적으로 파고들어 가면서도 보고 싶지 않은 것은 외면해 버리는 경향 Perceptional Defence

면접관의 착각과 허상

선발오류는 사실 제도적 이유보다는 면접관의 평가오류 영향이 더 크다. 평가오류를 낳는 면접관의 착각에서 나는 과연 얼마나 자유로운지 생각해보자.

"척 보면 알지. 그 사람은 내가 잘 알아."

"내가 조직관리만 20년 했어. 내 눈은 정확해!"

"내가 바쁘니까 면접 때 활용할 좋은 질문만 준비해줘. 내가 알아서 할게."

"좋은 학교 나왔고 성적도 좋은데, 이 친구 뽑지 않으면 안 돼!"

"말도 잘하고, 인상도 좋네! 괜찮은 친구 같아!"

- **주관성의 함정** : "척 보면 알지. 그 사람은 내가 잘 알아."

테헤란로 포스코센터 앞에는 '아마벨Amabel'이라는 특이한 조형물이 하나 있다. '꽃이 피는 구조물'이 정식 명칭인데, 현대 미술의 거장이라는 프랭크 스텔라Frank Stella의 작품이다. 하지만 어떤 이의 눈에는 아무리 열심히 들여다봐도 '꽃'을 연상하기가 쉽지 않다. 언뜻 보기에 흉측한 쓰레기더미 내지 알루미늄 판과 쇠붙이 등을 아무렇게나 꾸겨놓은 것 같은 느낌만 든다. 설명을 듣고 나서 바라보는 각도를 잘 맞추어야 비로소 그런 것 같기도 하다는 느낌이 드는 정도이다.

사람에 대한 평가도 이와 같이 주관적이다. 동일한 사람, 동일한 현상에 대해서도 해석이 다르고, 판단이 다르고 결정이 달라진다. 자기가 처한 상황(집단 특성, 소속 기관 등)에 따라 입장이 달라지기도 하지만, 평가하는 사람의 상황이 같아도 면접관 개인마다 인재평가의 결과가 달라지기도 한다. 인재를 가려 뽑는 일에 있어서 첫 번째 어려움이자 함정은 바로 '주관성의 함정'이다. 특히 첫인상처럼 논리적으로 설명하기는 어렵지만 순간적인 판단을 주관하는 인간의 원시 뇌가 평가를 하는 경우가 그 중 하나이다. 다행히 이런 경우는 오랜 시간에 걸쳐 평가를 하면 힘들지만 교정이 가능하다.

● **자신감의 과시** : "내가 조직관리만 20년 했어, 내 눈은 정확해!"

주관성의 함정은 인간이니까 그럴 수 있다 하지만 사실 더욱 거슬리는 면접관의 행동은 "내 눈은 정확해!"라고 자신의 안목을 근거 없이 자랑하는 경우이다. 스스로 인재를 알아볼 수 있다고 생각하는 사람들은 지원자의 분석력이나 프레젠테이션 능력, 말솜씨, 외모 등 눈에 보이는 특정의 요소나 기술에 좌우될 소지가 크다. 만약 지위가 높은 평가자(면접관)가 지원자의 겉으로 드러난 특징을 강조하게 되면, 함께 참여한 동료 평가자(면접관)들은 쉽게 다른 의견을 내기 어려워진다. 지원자의 어느 특정 자질이 우수하더라도, 원하는 인재상과는 거리가 멀거나 진정한 잠재력이나 능력이 아닐 수도 있는 것이다. 막연하게 큰소리치는 임원일수록 잘못된 판단을 내리게 될 위험의 소지가 있다.

- **비전문성의 은폐** : "내가 바쁘니까 좋은 질문만 준비해줘. 내가 알아서 할게."

한 부문에서 오랫동안 성장하여 임원이 된 사람들은 대체로 해당 분야에서 오랜 경험과 우수한 능력을 인정받은 사람들이다. 그렇다고 해서 인재관리, 인사선발의 전문 노하우가 체계적으로 갖추어진 것은 아니다. 다만 해당 분야의 전문가이고 베테랑일 뿐이다. 인사(채용) 전문가가 아니면서 인사문제, 인재선발·평가를 잘 할 수 있다고 큰소리치는 사람들은 사실 인재선발에 대한 철학이나 노하우가 없는 경우가 많다. 다만 자기의 비전문성을 감추고 싶을 뿐이다. 그들은 항상 이렇게 말한다. "인사팀에서 좋은 질문만 만들어줘. 그다음에는 내가 알아서 할게." 이런 사람들 치고 제대로 면접관 하는 사람을 본 적이 없다.

- **스펙으로 인한 현혹** : "좋은 학교 나왔고 성적도 좋네! 이 친구 꼭 뽑아야지!"

스펙 쌓기의 열풍이다. 일자리가 부족하고, 취업경쟁이 극심할수록 지원자들은 스펙에 매달린다. 이른바 3대 스펙, 8대 스펙 하는데, 스펙은 많은 지원자를 걸러내는 수단일 뿐Screening-out 실제로 필요한 인재를 가려내는 데는 Select-in 크게 기여하지 못한다. 그러나 일부 면접관은 여전히 스펙이 뛰어나면 우수 인재라고 생각한다(특히 이른바 명문대 출신은 우수 인재라는 고정관념이 있어 개인이 갖고 있는 다른 장점이나 특징에 관심을 기울이지 않는다).

- **소신의 부족** : "잘 모르겠네 ~ 중간 점수만 주지."

소신이 부족하면 면접관이 중간 점수를 주는 경향이 있다. 아주 높은 점수나 낮은 점수를 주면 다른 면접관과의 평가점수 차이가 커서 나중에 불편한 상황을 겪게 될 여지를 사전에 차단하기 위해서다. 이런 면접관은 성격 탓일 수도 있고, 부족한 경험 탓일 수도 있다.

너무 확신이 강해서 잘못 판단하는 면접관, 면밀하게 지원자를 판단해야 하는 것이 면접임에도 불구하고 대충 겉모습만 보고 판단하는 면접관도 문제이지만, 정확한 판단보다는 무난한 중간을 취하는 면접관도 문제다. 이런 면접관들이 많으면 면접의 효용성이 떨어지고 올바른 인재를 찾을 수 없다. 면접관 훈련이 꼭 필요한 이유이다.

면접지원자의 오판

대다수의 지원자들은 면접을 소홀하게 생각하지 않는다. 오히려 너무 많은 준비를 하는 것이 탈일 수도 있다. 면접을 준비하다 보면 이런저런 정보들이 넘쳐난다. 그런 과정에서 오히려 좋지 못한 습관이 생기고 잘못된 고정관념이 형성되기도 한다. 면접에 대한 올바른 준비는 어떻게 해야 할까?

● 불필요한 준비에 과도하게 매달리는 사람

요즈음 취업 준비생들은 면접에 크게 신경을 쓰며 많은 준비를 한다. 구직자들이 면접을 위해 정보를 수집하거나 스스로를 객관적으로 성찰하는 것은 당연한 노력이며, 또한 철저하게 준비하는 것은 옳은 행동이다. 다만 문제가 되는 것은 엉뚱하게 많은 준비를 하는 경우다.

인터넷에는 수많은 면접질문과 모범답변이라는 것들이 돌아다닌다. 이런 정보의 홍수 속에서 진짜 어떤 답변이 좋은 것인지를 가릴 수 있는 지원자들은 사실 많지 않다. 그냥 이런 답변이 좋다고 하면, '그냥 그런가보다'라고 생각하기 때문이다. 면접 스터디 그룹을 통해 연습하는 것도 좋은 방법이긴 하지만, 우수한 멘토 없이 그냥 동료들끼리만 스터디 그룹을 운영하는 것은 비효율적일 수 있다. 무엇이 잘못된 답변이고, 행동인지를 정확하게 알 수 없기 때문이다. 면접 준비는 정확하게 하는 것이 매우 중요하다.

● 소신과 스토리보다 형식적 포장에 치중하는 사람

면접장에서 면접관이 가장 듣고 싶은 답변, 파악하고 싶은 것은 지원자의 실제 실력, 실제 인성이다. 경험이 많은 면접관은 좋은 말로 포장된 답변, 상투적 모범답변과 실제를 구분하는 노하우를 갖고 있다. 이는 초등학생들이 자신의 실수나 잘못을 회피하기 위해 엄마나 형, 누나들에게 거짓말을 하더라도 쉽게 간파되는 것과 유사하다. 면접관은 지원자보다 훨씬 노련하고 인생을 살아온 전문가들이다.

면접에서 어느 정도의 포장된 언어를 쓰는 것은 어쩔 수 없지만, 답변 내용과 말투에서 신뢰감을 주어야 한다. 가장 자연스럽게, 있는 그대로의 모습으로 인재상에 어필하는 것이 최선임에도 불구하고, 자신의 실제 모습(소신, 능력 등)과 다르게 너무 포장된 듯한 모습으로만 일관하면, 멋지게 답변한 것 같지만 실제 결과는 탈락의 쓴맛만 체험하게 된다.

● 쓸데없이 외모·외면에 집착하는 사람

　면접에 관련된 대다수 책을 보면 외모에 대한 중요성을 강조한다. 이러한 조언이 잘못된 것은 아니다. 여러 번 면접을 본 지원자는 면접장에서 지원자들이 거의 같은 복장인 것을 보고 마음속으로 놀라지 않았을까. 검은색 계통의 정장에 하얀색 블라우스의 여성 지원자들, 검은색(남색) 계통의 양복 정장의 남성 지원자들.

　실제 면접관들은 이런 외모에 크게 관심을 두지 않는다. 그런 점이 평가에 영향을 주지도 않는다. 따라서 지원자들은 그냥 평범하게 대다수 지원자들과 유사하게 단정한 복장과 외모를 유지하는 것으로 충분하다. 그런데 이런 외모에 쓸데없이 비싼 옷을 입거나 외모를 꾸미는 사람들이 문제다. 드라마에서 악역을 하는 탤런트를 보면, 얼굴과 말투에서 그 모습이 느껴진다. 마찬가지로 지원자의 실제 모습은 지원자의 얼굴과 행동, 말투에서 나타나는 것이지 겉모습으로 판단하지 않는다는 사실만 기억하면 된다.

● 면접 준비 자체를 무시하는 사람

　면접을 열심히 준비하는 사람도 있지만, 준비를 게을리 하는 사람도 있다. 너무 무리하게 모범답안이라는 것을 외우다시피하는 것도 올바른 면접 준비 자세가 아니지만, 애써 태연한 척하는 사람도 바른 준비가 아니다. 특히 말솜씨가 스스로 뛰어나다고 생각하는 사람들에게서 이런 경향이 나타나는데, 면접관은 말솜씨 그 자체에 현혹되지 않을뿐더러 면접에 대한 기본 준비도 하지 않는 사람들을 너무나 잘 구별해낸다.

[채용면접의 실체]

성공적 면접! 이것은 면접관이나 지원자 모두의 목표이다. 물론 면접관은 원하는 인재를 제대로 뽑는 것이 목표이고, 지원자는 채용에 합격하는 것이 목표이다. 이를 위해 면접관은 좋은 질문 찾기에 매달리고 지원자는 오늘도 면접 스터디를 하기 바쁘다. 그런데 성공면접의 비결을 찾아 헤매지만, 사실 그 비결은 이미 만천하에 공개되어 있다. 면접의 실체는 공공연한 비결을 두고 벌어지는 허허실실의 모순게임이다.

● 면접! 진실을 둘러싼 허허실실虛虛實實의 모순게임

면접은 한마디로 '허허실실(비어 있음과 가득 참, 거짓과 진실, 완성됨과 미흡함 등의 대비되는 요소를 이용한 계책. 적의 강점은 피하고 약점을 노리면서,

나의 강점은 감추고 약점은 노출시키는 계략이 대표적인 허허실실 전법)의 전략과 공방이 가장 잘 나타나는 현장이다.

취업 경쟁이 치열하다. 100대 1의 경쟁은 기본이다. 지원자들은 '면접'이라는 마지막 관문을 돌파하기 위해 대단한 노력을 한다. 어떤 질문에도 대응할 수 있기 위해 예상 면접질문을 연습하고 답변요령과 모범답변도 암기한다. 마치 어떤 창이라도 막을 수 있는 방패처럼, 자신의 장점과 능력을 최대화하고 단점을 최소화하는 답변에 골몰한다. 그럼에도 불구하고 떨어지는 지원자가 더 많은 게 현실이다.

면접관도 수많은 지원자 중에서 누가 더 우수한 인재이고, 적합한 인재인지를 구분하기 위해 노심초사한다. 지원자를 당황하게 만드는 질문을 던지기도 하고, 지원자의 답변을 집요하게 파고들기도 한다. 면접관의 이런 노력도 모두 기대하는 지원자들을 뽑기 위한 것이다. 그럼에도 불구하고 진짜 인재를 알아보지 못하고 놓치는 경우가 적지 않다. 이런 현장이 인재평가의 세계이다. 인재평가의 장(면접장)은 허허실실의 현장이다.

'성공적인' 채용면접이란 무엇인가? 어떤 면접이 성공적인 면접이냐에 대해서는 여러 가지 관점이 있을 수 있지만, 일반적으로 성공적 면접은 회사가(즉 면접관이) 기대하는 인재를 제대로 선발했느냐의 여부일 것이다. 하지만 면접 성공의 여부를 채용 직후에 바로 확인할 길은 없다. 일정 시간이 흐른 후에 선발한 사람이 실제로 일을 잘하고 성과가 높으면 면접에서의 인재평가가 성공한 것이고, 그렇지 못하면 실패한 면접이라고 할 수 있다. 따라서 '면접을 잘 했다', '성공적 면접', '효과적 면접'이라는 것은 '예측 타당도'가 높은 면접을 의미한다.

기업은 채용과정 전반에 걸쳐 서류전형과 각종 시험 및 검사를 거쳐 자격미달의 지원자를 걸러낸 후에, 면접을 통해 기업이 원하는 적합한 인재를 선발한다. 그러나 채용 결과, 특히 면접이 완전하지 않다는 것은 누구나 아는 사실이다. 여러 이유가 있겠지만 신규 고용의 1/4이 1년, 약 절반 정도가 3년 안에 그만둔다는 연구 결과들이 바로 채용에서의 선발오류를 입증하는 증거이다.

이는 지원자가 면접에서 자신의 진면목이나 정직성을 있는 그대로 보여주지 않기 때문이다. 결국 '채용게임'에서 면접관은 자기모순 내지 자기 오류를 완전하게 벗어나기 어렵다. 예를 들어 면접관은 자기에게 우호적으로 비추어진 지원자와 그렇지 않은 지원자를 자신도 모르게 신속하게 구분하는 의사결정을 한 후, 그다음에 이런저런 질문을 하면서 자신의 그런 견해와 결정을 지지하는 정보를 찾아 나선다(즉, 우호적인 첫인상을 강하게 주는 후보자에게 부드럽게 대하고, 그렇지 못한 후보자에게는 송곳질문을 한다는 의미이다). 한편 지원자도 자기 얼굴에 가면을 쓰고 최대한 면접관이 듣기 좋은 말을 하려고 노력한다.

질문하는 면접관이 공격하고 지원자가 답변하며 수비하는 것 같지만, 사실 그 반대로 볼 수도 있다. 지원자의 답변은 준비된 답변이고 면접관은 모든 지원자들의 많은 준비로 인해 그 차이점이 분명하지 않은 상태에서 시간에 쫓겨 상식적인 질문 몇 개만 던지다가 그냥 자기모순과 자기 오류에 빠져들 수 있기 때문이다. 따라서 면접관들도 지원자 이상으로 철저하게 준비하고 대처한다면 이런 오류는 크게 줄어들 것이다.

면접이 불가피한 채용 결정의 행위라면, 최선의 방향은 그러한 채용 의사결정, 특히 면접의 질이 좀 더 좋아질 필요가 있다. 만약 면접관이 지원자의 실상에 대해 좀 더 정확하게 알 수 있는 정보를 원한다면, 그것을 가능하게 하는 질문을 해야 한다. 평범하고 상식적이며 단순한 질문만으로는 결코 지원자들의 옥석을 가려낼 수 없다.

● 지원자는 공공연한 비결에 대한 망상을 버려라

초등학생이 무언가를 잊어버리거나 잘못하면 고민 끝에 머리를 짜내어 엄마에게 혼나지 않을 만한 변명을 내놓는다. 변명을 들은 엄마는 다 알면서도 모르는 척하기도 하고, 어이없어 더 심한 꾸중을 하기도 한다.

이와 유사한 면이 면접 현장에서도 자주 눈에 띈다. 지원자는 최선의 답변을 했다고 생각하겠지만 수많은 면접을 경험한 노련한 면접관에겐 그저 웃음만 나올 뿐이다. "오늘, 면접 잘했어?"라고 물으면 "예, 어느 정도 잘한 것 같아요, 거의 예상 질문이어서 자신 있게 답변했어요"라는 반응과 "답변을 잘하지 못했어요. 떨어질 것 같아요"라는 반응으로 구분된다. 그런데 며칠 후 결과를 보면, 떨어질 것 같다고 답변한 사람은 합격하고 답변을 잘했다고 말한 사람은 실제로 불합격하는 경우를 자주 목격한다. 왜 이런 현상이 나타날까. 물론 면접을 끝낸 후의 소감 자체가 의례적이거나 또는 겸손의 표현이 가미된 경우도 많다. 그러나 두 가지의 상반된 소감이 겸손이나 의례적 답변이 아니라 실제의 느낌일 때도, 실제로 면접 후 드러나는 결과가 지원자의 소감과 정반대로 나타나는 이유는 기본적으로 지원자와 면접관과의 시각에 차이가 있기 때문이다.

지원자들은 자신이 질문에 막힘이 없이 답변을 잘해냈느냐의 여부에 초점을 맞춰 소감을 얘기하는 경우가 많다. 그러나 면접관은 지원자의 답변 기술이나 행태에 초점을 맞추는 것이 아니라, 지원자의 품성이나 성격, 지식이나 스킬, 경험이나 역량 등이 뽑고자 하는 인재의 필요 요건이나 조직의 인재철학에 부합하느냐의 여부에 의해 결정한다. 그리고 지원자는 자신의 입장이나 안목에서 판단하는 경향이 있지만, 면접관은 최대한 객관적 입장과 기준을 가지고 결정을 내리려는 경향이 있다(물론 현실적으로 모든 면접관의 수준이 이 정도가 아니라 자질이 부족한 면접관도 많다).

필자는 지원자들에게 자주 답변의 '진실성'을 강조한다. '면접관에게 어필하려면 이렇게 하라', '면접관을 감동시키는 19가지 답변 기술과 요령' 등의 책이나 조언은 결정적으로 도움이 되지 않는다(물론 대화나 소통에서 평소 어려움을 겪거나 얼굴이 빨개지고 쉽게 긴장하는 사람들에게는 이런 책들이 어느 정도 도움 될 수 있다). 그러나 실제 당락을 좌우하는 결정적 변수는 지원자의 내면이나 역량이 뽑힐 만한 수준인가, 그런 점에서 다른 지원자들보다 우수한가의 여부이다.

'가장 진실한 답변!' 이런 답변은 자신의 학습 의지와 실제 경험, 평소의 사고방식과 생활철학에 근거해야 나올 수 있다. 경험이나 지식이 부족하고, 평소의 사고방식이나 생활철학이 대다수 조직이나 사회에서 요구하는 상식적 요구와 괴리가 있다면 '진정성이 전달되는 답변', '감동을 주는 답변'을 할 수 없다(물론 짧은 면접시간이라는 제약조건을 활용하여 아주 말을 잘하는 일부 지원자들에게 면접관이 현혹될 수는 있지만).

결국, 면접을 효과적으로 준비하는 단기적 비책 같은 것은 실제 크게 유효하지 못할 때가 많다. 장기적 관점에서 평소의 생활자세와 사고방식에서 주변 사람들로부터 인정받는 사람이 되도록 노력해야 하고, 미래의 명확한 경력 비전과 목표를 세우고 이를 달성하기 위해 꾸준히 학습하고 경험하는 학습의지가 가장 큰 면접 준비 방법이라고 할 수 있다.

● 면접의 핵심은 결국 질문이다

모든 면접은 기본적으로 면접관의 질문에서 출발하며, 질문과 답변이 주어진 시간 내내 계속된다. 면접에서의 핵심은 질문에 있다. 질의응답 중심의 문답식 면접이 아닌 역할면접에서도 (발표PT, 집단토론GD, 역할연기RP, 서류함기법IB 등 실습과제simulation에 근거한 역할이 주어지는 형태의 면접) 면접관의 질문은 필수이다(다만 집단토론에서만 주로 관찰에 의한 평가가 이루어진다).

그런데 '어떤 질문을 하는 것이 가장 좋을까?' 하고 많은 고민을 하는 면접관들도 있지만, 실제로 상당수의 면접관은 그렇게 많은 준비를 하지 않는다. 면접 현장에서의 '갑'은 면접관이기 때문에, 훈련되지 않은 면접관도 최고의 면접관인양 태연하게 질문한다. 면접관의 실패, 인재선발의 실패는 바로 여기에서 비롯된다고 할 수 있다.

반면 지원자들은 '어떤 질문이 나올까? 어떻게 답변하는 것이 최선일까?' 이에 대해 고민하고 면접 스터디를 쫓아다니고, 답변 연습을 한다. 하지만 면접이 끝나면 자신의 답변에 대해 '이렇게 답변할걸' 하고 아쉬워한다. 면접이 끝난 후에 보면 실제로 제기되었던 질문들도 별 것 아닌데, 최선의 답변을 하지 못한 것 같아 아쉬워하는 것이 대다수 지원자들의 모습이다.

성공 면접, 즉 면접관이 최선의 인재를 뽑기 위해 면접에서 활용해야 할 질문이나 지원자의 모범적 답변의 내용은 이미 모두 노출되어 있다. 다만 진짜 좋은 질문이 무엇인지, 어떻게 질문해야 하는지에 대한 설명이 없다. 질문에 대한 모범적 답변이라는 것도 왜 모범답변인지에 대한 설명이 부족하다. '어떻게 질문하고, 어떻게 답변할까', 즉 효과적으로 질문하는 방법, 답변하는 방법에 대한 이론과 원리가 보이지 않는다.

모든 사회현상이 그러하듯이 우리는 이론과 원리를 학습해야 한다. 그래야 발전할 수 있다. 그냥 질문만 모아 놓은 것은 어떤 것이 좋은 질문인지를 알 수 없고, 모범답변이라는 것도 앵무새처럼 외운다고 하여 될 일은 아니다.

필자는 그동안 면접관으로 활동하면서 면접관에게도 도움 되고, 지원자에게도 도움 되는 안내서가 필요하다는 생각을 많이 했다. 이 책은 단순히 질문만 모아놓은 것이 아니라, 평가요소별로 구분하여 최고의 질문을 제시하고, 관련된 후속 질문, 평가 포인트, 유사 질문 등을 체계적으로 정리했다. 이 책에서는 바로 이러한 것, **평가요소별 최고의 질문과 효과적으로 질문하는 법, 그리고 답변하는 법**에 초점을 두고 있다.

02
면접질문에 대한 이해

[면접유형과 질문에 대한 이해]

경험면접, 상황면접, 직무면접, 술자리면접, 오디션면접 등 면접방식은 계속 바뀌고 있c식이 바뀌면 매우 당황한다. 하지만 면접유형에 너무 민감할 필요는 없다. 물론 지원하는 기업의 면접방식을 잘 이해하는 것은 중요하지만 면접의 본질과 핵심이 달라지는 것은 아니다. 그러나 지원자나 면접관 모두 면접의 유형과 질문에 대한 기본적 지식은 가지고 면접에 임해야 한다.

● **면접이란?**

인재를 선발하려면 한 가지 방법에 의존하지 않고 여러 가지 인재 평가 방법을 복합적으로 적용하게 되는데, 이때 꼭 빠지지 않는 평가 방법이 면접이다. 면접이 무엇인지 모르는 사람은 아마 없을 것이다.

'면접이란 면접자와 피면접자가 얼굴을 맞대고 상호작용 또는 의사소통하는 과정이며, 이 과정에서 대화와 관찰을 통해 상대방으로부터 필요한 정보를 탐색하고 평가하는 과정'이다.

면접은 가장 역사가 깊고 널리 사용되어온 인물평가 방법이다. 면접은 면접자가 피면접자를 직접 마주 보고 진행하기 때문에, 서류전형, 지필검사 등 다른 선발도구가 갖지 못한 시각적, 청각적 효과를 제공함과 동시에 지원서류 검토에서 판단하기 어려운 사항이나 의심스러운 부분을 직접 확인할 수 있다. 최근에 면접은 채용과정에서 서류전형, 필기시험 등의 방법보다 높게 평가되고 있다. 면접은 인재채용의 마무리, 화룡점정畵龍點睛의 활동이다.

● **전통적 면접의 한계**
- 우리 회사에 지원하는 이유는?
- 왜 공무원이 되려고 하는가?
- 당신은 스트레스를 잘 극복하는가?
- 우리 회사는 일이 많은데 잘 해낼 수 있는가?
- 당신이 지원한 ○○ 직무에서의 당신의 강점은 무엇인가? 등등

이것은 전통적 면접에서 사용하는 대표적 질문들이다. 주로 지원동기와 입사 후 포부, 직무상 강점과 성격의 장·단점, 가치관, 직무 관련 경력 혹은 경험 등이다. 그런데 이러한 질문을 통해서는 인재를 제대로 파악하기가 어렵다. 왜냐하면 지원자가 자신의 실제 모습보다는 모범적이고 듣기 좋은 답변을 구사할 가능성이 있기 때

문이다. 경우에 따라서는 과장 또는 축소된 행동을 보일 가능성도 있다.

전통적 면접의 한계는 질문 자체가 잘못되었다기보다는 사실 질문하는 방식 때문이다. 전통적 면접에서는 면접관 훈련이 거의 이루어지지 않은 채, 면접관 개인의 주관적 기준과 선호에 따라 질문이 이루어지는 경향이 있다. 그리고 일관되지 않은 질문을 지원자들마다 하게 된다. 후속 질문을 통해 지원자의 능력을 심층 분석하는 질문을 하기보다는 몇 가지 질문을 단선적으로 하기 때문에 큰 효과를 보기 어렵다. 이런 이유로 면접 전문가들은 기존의 면접방식은 인재를 올바르게 선별하는 도구로써 타당성이나 신뢰성이 거의 없다고 혹평하고 있다.

● 다양한 면접유형, 진화하는 면접

면접의 유형은 매우 다양하다(역량평가·역량면접 _도서참조). 그리고 면접방식은 계속 진화·발전하고 있다. 면접은 기본적으로 면접자와 피면접자가 존재하고 상호 대면을 통해 이루어진다. 따라서 대면과정에서의 상호작용하는 형태에 따라 면접은 크게 두 가지로 구분할 수 있다. 하나는 면접관과 지원자 간의 질의응답을 통해 이루어지는 문답식 면접이고, 또 하나는 지원자에게 일정한 임무를 주고 그 임무를 수행하는 과정이나 결과를 관찰 또는 질문으로 확인하는 역할면접이다. 질의응답 형태의 문답식 면접이 전통적으로 사용되어 오던 면접방식이라면, 역할면접은 최근 새롭게 많이 사용되고 있는 방식이다.

[표 1-2] 면접유형과 평가방법

구분	평가방법	상호작용 구조	표준화 정도	평가대상 요소	목적

문답식 면접	질의응답 방식	• 1:1 면접
		• 1:다 면접
		• 다:1 면접
		• 다:다 면접
			• 비구조적 면접
			• 반구조적 면접
			• 구조적 면접
				• 전기 인터뷰
				  - 과거 경력
				• 경험면접PBI
				  - 과거 실제 행동
				• 상황면접SI
				  - 미래 가상 행동
				• case 면접
				  - 능력
					• 인성면접
					• 역량면접
					• 전문성 면접

역할 면접	부여된 역할에 따른 관찰과 질문	• 발표PT
		• 사례연구CS
		• 집단토론GD
		• 역할연기RP
		• 현안업무처리IB
				• 과제simulation
				  -based 면접
				  - (AC)현재 행동	

기타		합숙면접, 오디션 면접, 자유(술자리) 면접 등			

1) 상호작용 방식에 따른 분류 : 질의응답 방식 vs 역할부여 방식

2-1) 상호작용 구조에 따른 분류(문답식 면접) : 1:1, 1:다, 다:1, 다:다

2-2) 상호작용 구조에 따른 분류(역할면접) : 발표, 사례연구, 집단토론, 역할연기 등

3) 표준화 정도에 따른 분류 : 비구조적, 반구조적, 구조적 면접

4) 질문내용에 따른 분류 : 전기적 인터뷰, PBI, SI, AC

5) 목적에 따른 구분 : 인성면접, 역량면접

면접은 다시 면접자와 피면접자가 각각 몇 명씩 참여하느냐, 즉 상호작용의 구조에 따라 개별면접(1:1 면접, 1:다 면접), 비교 면접(다:1 면접, 다:다 집단면접)으로 나뉜다. 또한 과거의 경험 사례에 대한 질문을 통해

주로 이루어지는 면접을 과거 행동기반의 경험면접^{PBI : Past Behavior Interview}, 특정 상황에서의 지원자 생각이나 미래의 행동 의도나 의지를 물어보는 상황면접^{SI : Situation Interview}이 있다.

경험면접은 과거 시제로 질문하고(그 당시에 어떻게 행동했느냐) 상황면접은 미래 시제로 질문한다(이런 상황에서 당신은 어떻게 행동하겠습니까).

역할면접도 어떤 역할을 부여하느냐에 따라 달라지는데, 일반적으로 발표, 사례연구, 역할연기, 집단토론, 업무 안건처리 등의 상황을 부여한다. 그리고 어떤 요소에 초점을 두고 평가하느냐에 따라 인성면접, 역량면접으로 구분하기도 한다.

● **면접유형과 질문 방식과의 관계**

면접유형은 기본적으로 질문의 방식과 관련되어 있다. 면접유형은 이미 살펴본 것처럼 매우 다양하지만, 최근 구조적 면접으로 권장되는 경험면접^{PBI}, 역할면접^{simulation-based}, 상황면접^{SI}이 기본 유형이다. 이것은 바로 질문 방식의 차이에서 비롯된다. 즉 경험면접^{PBI}은 과거형 질문, 역할면접^{simulation-based}은 현재형 질문, 상황면접^{SI}은 미래형 질문을 통해 면접이 이루어진다.

또한 '채용하고자 하는 인재의 무엇을 평가하고자 하는 것'에 따라 질문을 구분할 수도 있다. 즉 측정하고자 하는 요소가 지원자의 직무지식이면 '직무지식 질문'이고, 지원자의 행동 및 사고 능력을 파악하고자 한다면 '행동 질문'이다.

면접에서 사용하는 질문을 열린 질문^{개방형 질문, open question}과 닫힌 질문^{폐쇄형 질문, closed question}으로 구분하기도 한다. 이것은 어떤 형태의 답변을 기대하고 질문하느냐의 차이다. 열린 질문은 정답이 있는 것이 아니라 자유롭게 답변할 수 있게 하는 질문이고, 닫힌 질문은 한 가지 답변이나 '예/아니오'로만 답변할 수밖에 없게 하는 질문이다.

면접 질문은 일정 시간 동안 이어진다. 다만 이어지는 질문이 앞의 질문에 대한 지원자의 답변과 연계하여 던지는 질문인지, 연계되어 있지 않은 질문인지로 구분할 수 있다. 만약 앞의 질문과 연계되어 있다면, 앞의 질문이 시작 질문(leading question)이고, 이어지는 질문은 후속 질문(proving question)이다.

채용면접에서는 흔히 여러 명의 면접관이 참여하여 지원동기, 강약점, 전문성 등 질문 방향이 다른 측면의 질문을 던진다. "우리 회사에 지원한 이유가 무엇입니까?"라고 시작된 질문에 답변을 했지만, 그 답변과 연계하여 계속 파고드는 질문을 하는 면접관이 있다. 이러한 질문이 후속 질문이다. 지원자의 실제 능력과 인성을 파악하기 위한 면접관의 노력이다.

[표 1-3] 다양한 질문 유형

구분	질문의 시제	질문 초점	답변 한정 여부	앞 질문과의 연계 여부
유형	• 과거형 질문 • 현재형 질문 • 미래형 질문	• 직무지식 질문 • 행동 질문	• 열린 질문 • 닫힌 질문	• 시작 질문 • 후속 질문

면접질문의 개발과 평가

경험면접은 최근 가장 많이 알려져 있는 면접기법이다. '지원자의 역량을 제대로 파악하려면 추상적 질문보다는 과거 실제 경험 사례에서의 행동을 확인하라'는 것이 경험면접의 기본적 질문 방식이다. 그러나 경험면접은 치명적 허점이 있다. 일부 면접관은 경험면접에서 과거형 질문이 마치 금과옥조인양 생각하면서 의례적으로 사용하지만, 지원자는 이러한 질문 유형의 준비에 철저하다. 역할면접, 상황면접도 마찬가지다. 면접은 공공연한 비밀이기 때문이다. 과연 무엇이 문제일까?

● **경험면접에서의 행동 질문**

만약 지원자의 '스트레스 대처' 역량을 행동 질문을 통해 평가하고자 한다면, "감당하기 힘들 만큼 큰 스트레스를 겪어야 했던 최근 상황에 대해 얘기해주겠습니까?"(주 질문) "그 상황에서 어떻게 대처했습니까?", "당신의 행동은 타인에게 어떻게 영향을 미쳤습니까?"(후속 질문) 등, 면접관은 과거 행동에 대한 심층 질문을 통해 지원자의 사고방식과 역량의 행동특성을 명확히 하고 그 수준을 평가할 수 있다.

응답한 상황을 바탕으로 그 상황에 대한 여러 개의 후속 질문을 실시함으로써, 지원자가 과거에 겪었던 경험과 그 과정에서 실제로 취했던 의도나 행동 그리고 그 결과를 구체적으로 확인하기 위한 질문을 계속적으로 반복한다. 이런 과거형 행동 질문을 기본으로 하는 면접을 우리는 이른바 역량면접 competency-based Behavior Interview: CBI or CBBI 이라고 부른다.

이 면접유형이 경험면접, 즉 과거 행동면접 Past Behavior Interview : PBI 이며, 행동사건면접 Behavioral Event Interview : BEI 이라고 부르기도 하는데, 최근 인성과 역량을 파악하는 구조적 면접기법으로 널리 사용되는 심층 면접기법이다.

과거형 행동 질문 behavioral question 은 "과거 행동이 미래 행동에 대한 최고의 예측 정보이다"라는 것을 전제로 하는 질문이다. 예를 들어, 과거에 높은 성과를 냈던 사람(팀워크, 문제해결, 매출 등)은 미래에도 그럴 잠재력이 있을 것이라고 전제하는 질문이다. 이런 질문방식은 행동주의 심리학에 뿌리를 두고 있으며, 행동 질문을 통해 지원자의 과거 직무역량 관련 사항에 대한 구체적 사실 정보를 얻는 것을 목적으로 한다. 행동 질문의 목적은 평판조회와 유사하다. 단, 차이가 있다면 그것은 지원자 스스로 정보의 제공자가 된다는 점이다.

[그림 1-2] 경험면접의 기본 원리

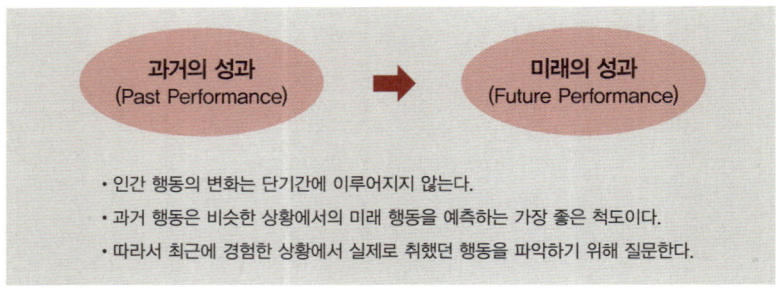

- 인간 행동의 변화는 단기간에 이루어지지 않는다.
- 과거 행동은 비슷한 상황에서의 미래 행동을 예측하는 가장 좋은 척도이다.
- 따라서 최근에 경험한 상황에서 실제로 취했던 행동을 파악하기 위해 질문한다.

고위직급의 핵심직무 후보자에 대한 경험면접을 충실하게 실시하려면 전문 면접관의 면접으로 1인당 약 1~2시간 정도가 소요된다. 시간과 비용이 많이 드는 편이지만, 이런 면접은 매우 신뢰성 높은 면접기법으로 인정받고 있다. 경험면접(PBI)은 최근 국가·지방공무원, 각종 국가고시, 대기업에서 가장 많이 채택하는 면접기법으로 신입사원이나 공무원 임용 시에는 통상 30분 정도로 실시된다.

● **행동 질문의 개발**

경험면접과 비구조적 면접과의 결정적 차이는 표준화 여부이다. 조직이 관심을 두는 역량Competency과 행동지표를 파악하기 위해, 그리고 지원자의 실제 생각과 행동, 사실적 경험을 자연스럽게 노출하도록 하기 위해, 사전에 미리 연구된 표준 질문과 평가척도를 사용한다. 그리고 모든 면접관이 동일한 표준 질문을 하게 되어 있다.

행동 질문은 지원자들이 과거 유사한 상황, 과업, 맥락에서 실제로 했던 행동에 의해 평가하려는 자격요건(역량), 행동 질문과 관련된 정보를 얻도록 설계되어 있다. 행동적 질문을 통해 얻을 수 있는 정보는,

① 특정한 상황, 과업, 문제 혹은 맥락 ② 지원자가 취했던, 취하지 못했던 행동 ③ 행동을 취한, 취하지 못한 결과의 영향 등이다.

행동 질문은 ① 상황기술과 ② 사후 질문으로 구성된다. 상황기술문은 지원자에게 어떤 자격요건(역량)과 관련된 특정 상황을 기술하도록 질문한다.

과거형 행동 질문을 개발할 때 고려해야 할 사항은, ① 면접이 긍정적일 수 있도록 균형을 맞추어야 한다. 지원자가 자신의 성공에 대해 이야기할 수 있는 기회를 준다. 그러면 지원자는 실패 사례보다 더 적극적으로 답변하게 된다.

② 지원자의 느낌이나 의견이 아닌 실제 행동을 확인해야 한다는 것을 명심한다.

③ 각 역량에 대해 적어도 복수의 사건을 수집한다. 지원자를 평가할 수 있는 충분한 정보를 얻어서 만족할 때까지 수집을 계속한다.

● **경험면접에서의 질문과 평가**

경험면접에서는 상황에 따라 질문내용이 달라지지만, 질문의 기본 구성은 모두 면접 대상자가 경험한 상황을 솔직하게 말할 수 있도록 하는 데 초점을 둔다. 따라서 면접관은 지원자가 실제 상황에서 취했던 구체적인 행동과 조치, 생각 등을 끄집어내는 질문을 연속적으로 던진다.

예를 들어, 평가하고 싶은 인재평가 요소가 "주변 사람들과 협력하며 시너지를 낼 수 있는 사람인가?" 하는 것이라면, 지원자가 학창시절 혹은 사회생활 중 팀워크를 발휘했던 경험에 대해 구체적으로 이야기하도록 질문한다. 팀워크를 발휘했던 경험은 있었는지, 어떤 상황에서 팀워크를 이루었는지, 그때 어떻게 행동했는지, 왜 그렇게 했는지, 가장 큰 문제점이나 어려웠던 일은 무엇이었는지, 그래서 어떻게 처리되었는지 등의 질문을 계속적으로 던진다. 면접관은 서로 연계된 일련의 질문을 통해 지원자의 실제 경험 및 실행 정도를 판단하게 된다. 이런 과정을 거쳐 지원자의 사고 및 행동에 대한 다양한 사실 정보를 확보하고, 그 행동사례의 질을 판단하여 점수를 부여한다.

주의할 점은 면접관의 주관에 따라 점수화하는 것이 아니라 행동의 질을 판단하기 위해 사전에 연구된 표준적인 행동 척도에 따라 해당 점수를 부여하거나 체크해야 한다.

다음의 사례에서 강조한 부분은 지원자가 실제로 행했던 매우 구체적인 행동 증거들이다. 이러한 구체적인 행동 증거들이 나타나도록 질문하는 것이 행동 질문이고, 이것은 사례에서처럼 연속적인 후속 질문이 있어야 가능하다. 만약에 질문이 한 번으로 끝나거나 후속 질문을 해도 사례에서와 같은 구체적인 행동 증거들이 나타나지 않는다면 좋은 평가점수를 주기 어렵다.

[경험면접에서의 상황 재연(우수 사례)]

Q 자기소개서에서 조직생활에 잘 적응하고 대인관계가 원만한 것을 본인의 장점이라고 썼는데, 실제 사례를 구체적으로 말해주세요.

A 지인들이 저와 같이 지내기에 부담이 없다고 말합니다. 지난봄에는 외국계 기업에서 인턴을 했는데 대표적으로 춘계 자유활동에서 저의 대인관계 능력이 크게 발휘되었습니다. 인턴을 할 당시, 본부로부터 팀별로 춘계 자유활동 지원금이

주어졌는데 **우리 팀의 활동을 제가 기획하고 추진해서 좋은 평가를 받았습니다.**

Q 어떠한 활동을 기획하고 추진했는지 설명해주세요.

A 팀원들과 인기 라디오 방송인 컬투쇼 방청을 함께 가는 것을 기획했습니다. 춘계 자유활동 이야기가 나오니 대부분의 팀원이 지난해와 같이 볼링장을 가자는 의견을 내놓았습니다. 그런데 팀장님께서 신선한 활동 계획이 있으면 좋겠다고 하셨고, **저는 팀원들이 어떤 것을 좋아하고 원하는지 알기 위해 대화를 나누며 조사했습니다.** 그래서 찾아낸 아이디어가 컬투쇼였고, 방청을 하기 위해 해당 방송 사이트에 **일주일 동안 매일 사연을 썼습니다.** 그리고 결국 제가 쓴 사연이 뽑혀서 재미있게 다녀올 수 있었습니다.

Q 그렇다면 계획을 추진하면서 어려움이 있었다거나 인상 깊었던 일에 대해 이야기해보고 그때 어떻게 대처했는지 구체적으로 설명해주세요.

A 사연이 당첨이 되었는데도 초대받지 못할 뻔했던 것이 기억에 남습니다. 컬투쇼 작가님께서 사연을 잘 읽었다며 전화를 주셨습니다. 그런데 직장인들을 초대하면 리액션이 좋지 않아 단체를 받기 어렵다며 저희 부서에 대한 분위기를 물으셨습니다. 그래서 **저는 작가님을 열심히 설득했습니다. 박수와 호응이 클 수 있게 제가 책임지겠다고 했고, 저희 팀원들의 활발한 성격을 어필했습니다.** 20여 분의 설득 끝에 다행히 초대받을 수 있었습니다.

Q 춘계 자유활동을 진행하고 주변의 반응 등 최종 결과는 어땠나요? 자세한 사례를 들어 이야기해주세요.

A 부서원들이 자랑을 워낙 많이 하셔서 회사 전체에서 저는 유명인이 되었습니다. 그 이후 다른 팀에서도 막내 직원들이나 인턴들에게 컬투쇼 방청을 신청하도록 하는 것이 하나의 유행이 되었습니다. 실제로 많은 분이 어떻게 당첨될 수 있었냐고 물어보셨습니다. **저는 최대한 제가 했던 방법을 알려드렸고, 때로는 컬투쇼 외에 팀원들이 같이 하면 좋을 활동에 대해 아이디어를 드렸습니다.** 이 일로 많은 사람들과 더 좋은 관계를 유지하며 지낼 수 있었던 것 같습니다.

● **상황면접에서의 행동 질문**

"당신은 크게 화가 난 고객으로부터 전화를 받았다. 배송된 제품에 하자가 있다는 것이 주요 내용이다. 그런 상황에서 당신은 어떻게 할 것인가?"

위 상황질문은 '판단력 측정'을 위한 질문이다. 상황질문the situational question은 지원자의 관련 자격요건과 사고방식, 행동성향 등을 판단하기 위해 던지는 질문이다. 직무와 관련된 가설적 상황을 제시한 후에 지원자가 어떻게 할 것인지 응답하도록 하는 질문이다. 이 질문에서 묘사된 상황은 작업샘플 테스트에서 사용되는 시나리오와 꽤 유사하다. 차이가 있다면 면접관이 있고, 지원자가 어떻게 할 것인지 기술하도록 요청받는다는 점이다. 반면, 작업샘플 테스트에서는 지원자가 실제 과업을 수행하도록 요청받는다.

● **상황면접에서의 질문과 평가**

상황질문에 대한 답변은 준거(평가척도)에 의해 평가된다. 상황질문은 사람들이 어떻게 행동할 것이라고 답변하는 방향으로, 향후 행동할 것이라는 가정을 전제한다. 상황질문은 저성과자와 분명한 차이가 있는 훌륭한 행동들, 있었던 혹은 일어날 수 있는 사건을 먼저 생각해 보고, 이와 유사한 사건에서의 즉각적인 행동을 요구하는 상황을 만들어 질문으로 변경한다.

상황질문을 개발할 때 고려해야 할 사항은,

① 질문이 너무 명백하거나 평이해서는 곤란하다. 타당한 도구가

되기 위해서는 지원자가 '질문을 통해 답을 알 수 없어야 한다.'
② 상황질문을 동료나 직무 재직자에게 시도하고, 그들이 명확하게 이해하는지, 예상하는 답을 내놓는지 아닌지 미리 확인해볼 필요가 있다.
③ 면접을 실시하는 동안 각각의 지원자들이 세부적인 내용도 빠뜨리지 않도록 질문을 읽어둔다.

특히 상황면접에서는 모범답안 같은 답변을 할 가능성이 높고, 이를 추구하는 후속 질문을 이어나가는 데 있어 경험면접보다 취약하다. 따라서 미래형 질문으로 시작되는 상황면접에서도 계속 후속 질문을 하려면, 다시 경험면접의 과거형 행동 질문으로 전환하는 것이 필요하다.

● 행동 질문은 결국 압박면접일 수밖에 없다

행동 질문은 필요한 지식을 얼마나 가지고 있는지를 확인하는 지식 질문이 아니기 때문에 지원자의 거짓, 과장 등의 답변을 구분해내는 것이 어렵다. 그래서 문제해결 능력, 대인관계 능력 등의 직무역량이나 도전의식, 성실, 책임감, 정직 등의 자질을 평가하는 행동 질문은 정교하게 질문을 이어가야 한다.

행동 질문을 하는 면접관은 지원자의 답변 중에서 높은 성과와 관련된 효과적 행동 effective performance 과 그렇지 못한 행동 ineffective performance 을 구분해야 한다. 이것이 경험면접에서의 면접관의 중요한 역할이고 또한 실력이기 때문에, 면접관에게도 많은 경험과 통찰을 요구한다.

경험면접에서 면접관은 마치 형사 콜롬보처럼 지원자의 포장된 또는 의도적 답변을 방지하기 위해 후속 질문을 예리하게 연속적으로 던

짐으로써 지원자의 구체적인 행동 정보를 확보하게 된다. 경험면접은 어떻게 보면 질문 기법이라기보다는 조사 전략이라고 할 수 있다.

이 과정에서 지원자는 어느 정도 압박감을 느끼게 된다. 그러나 경험면접은 지원자에게 일부러 곤혹스러운 질문을 하여 당황스럽게 만드는 압박면접이 아니라, **과거 경험과 실제 행동을 파악하기 위한 질문을 연이어 던지고 답변하게 하는 그 자체가 지원자에게는 압박면접의 효과를 띠고 있다.**

● **직무지식 질문**

"○○ 기계의 고장 원인은?"

"가장 최근에 바뀐 회계기준에서 중요한 것 두 가지만 이야기해보라. 그렇게 회계기준이 바뀐 배경이나 이유는?"

"최근 관심이 높아진 collaboration 마케팅에 대해 설명해보라. 이러한 마케팅을 통해 얻을 수 있는 장·단점은? 우리 기업에는 어떻게 적용할 수 있을까?"

직무지식 질문job knowledge question은 보통 어떤 직무를 수행하는 데 반드시 필요한 기본적인 지식을 이해하고 활용할 수 있는지를 확인하는 데 있다. 대개의 면접에서는 지엽적이거나 특수한 내용의 지식에 대해 질문하지 않고, 기본적이지만 반드시 알고 있어야 하는 핵심지식 중심으로 질문한다. 특히 직무지식 질문은 단순히 지식을 알고 있느냐보다는 어떻게 응용하고 업무에 적용할 수 있는가에 좀 더 비중을 둔다.

직무지식 질문은 면접이 아닌 기록양식, 구두, 지필검사 도구로도 할 수 있다. 그러나 면접상황에서는 후속 질문을 통해 좀 더 심층적으로 파고들 수 있고, 지원자의 답변 내용을 듣고 판단할 수 있기 때문에, 단순히 시험을 통해 지식을 평가하는 것보다 좀 더 효과적일 수 있다.

 직무지식과 관련된 질문을 개발할 때 고려해야 할 사항은,

첫 번째는 먼저 내용을 결정하기 위해 직무분석을 실시해야 한다. 직무내용, 수행 준거, 핵심지식과 스킬, 기술, 중요한 규칙 등을 확인해야 하고, 질문 개수를 결정하기 위해 요구되는 필수지식의 상대적 중요성도 확인해야 한다.

두 번째는 질문의 난이도를 결정하기 위해 요구되는 역량수준을 고려해야 한다. 너무 어렵거나 너무 쉬운 질문은 실질적으로 도움이 되지 않는다.

세 번째는 질문이 명확한지 모호하진 않은지 확인해야 한다. 질문에 대해 각 직무 분야의 전문가에게 검토를 부탁한다. 아니면 직접 전문가로 하여금 면접을 실시하게 한다. 전문가만이 평가 포인트나 답변의 질적 차이를 파악할 수 있기 때문이다. 실제로 규모가 큰 대기업에서는 각 부서의 전문가들이 참여하게 된다.

네 번째는 이중적 의미를 지닌 애매한 질문은 피한다. 한 가지 질문에서 한 가지 이상의 정보에 대한 질문은 삼가는 것이 좋다. 이런 질문은 지원자를 혼란스럽게 하여 원하는 정보의 답변을 얻어내기 어렵다.

다섯 번째는 사후 질문하기다. 이것은 지원자의 응답이 모호할 때 명확히 하기 위해 사용하기도 하고, 문제해결 능력과 연계하여 지식을 통한 응용 능력을 파악하기 위해서 사용하기도 한다.

[면접질문의 구성원리]

모두 면접질문에 관심을 갖는다. 그러나 면접질문 자체에 대한 관심은 높지만, 면접질문의 구성원리가 무엇인지, 면접질문의 유형이 어떤 것인지에 대한 이해는 부족하다. 면접질문의 구성원리를 이해하면 좀 더 효과적으로 질문할 수도 있고, 답변할 수도 있다.

● **면접질문을 바라보는 쌍방의 시각**

면접관들은 항상 면접 시 사용할 수 있는 좋은 질문을 찾는다. 면접이 시작되기 전에 '어떤 질문을 할까' 고민하면서 오늘 면접에서 활용할 적절한 질문에 관심을 갖는다. 마치 좋은 질문만 있으면, 지원자를 잘 식별할 수 있을 것 같은 마음으로 이런저런 질문을 찾아보기도 하고 만들어보기도 한다. 면접질문에 관심을 갖는 것은 지원자들도 마찬

가지다. '어떤 질문이 나올까', '어떻게 답변할까' 하고 노심초사한다.

면접은 기본적으로 면접자와 피면접자가 서로 대면하여 질문과 답변을 통해 진행된다. 따라서 면접질문에 관심을 갖는 것은 당연한 일이지만, **면접자에게 중요한 것은 면접질문 그 자체보다 질문하는 방법과 피면접자의 답변을 통찰하는 능력이고, 피면접자에게 중요한 것은 모범적이고 준비된 틀에 박힌 답변보다는 자신의 체험과 생각을 토대로 어떤 질문에도 스토리텔링의 답변을 자신감을 갖고 대응하느냐**의 여부이다.

그러나 양자에게 중요한 것이 그렇다고 하더라도, 어쨌든 모든 면접은 첫 질문으로부터 시작되므로, 이에 관심을 갖는 것이 나쁘다고는 할 수 없다. 다만, 면접자는 후속 질문을 어떻게 할 것인가, 피면접자는 어떻게 자신의 내공을 보여주는 답변을 할 것인가에 대한 관심을 함께 가져야 한다.

● 면접질문의 구성논리 : 평가요소와 평가척도와의 연계

인재를 평가하려면 명확한 평가기준이 있어야 한다. 평가기준이 없으면 지원자들의 우열을 가려낼 잣대가 없어 평가하는 사람의 주관적 판단이나 선호도에 의해 지원자의 호·불호, 합격·불합격이 결정되게 되어 선발이나 면접의 신뢰성을 떨어뜨리는 결정적 요인으로 작용한다.

평가기준은 평가요소와 평가척도로 구성된다. 평가요소란 특정 직무나 조직특성, 인재상에 비춰 지원자를 판단하기 위한 요소이다(지원자의 무엇을 평가하느냐는 what에 해당하는 것) 예를 들어, 열정, 정직, 문제해결 능력, 대인관계 능력 등이 평가요소이다. 평가척도는 이러한 평가요소에 개개인이 어느 정도로 부합하는가를 판단하기 위한 잣대이다(지원자가 평가요소를 갖추고 있는 정도, 즉 수준(level)을 의미함). 평가를 정확하게 하려면 평가요소만이 아니라 평가척도까지 명료하게 정의되어 있어야만 면접관이 주관적 판단으로 점수를 주는 경향을 줄일 수 있다.

면접은 평가요소와 평가척도로 구성된 평가기준에 지원자가 어느 정도로 부합하는지를 판단하기 위한 증거 재료를 찾아내는 과정이다. 따라서 평가요소를 고려하지 않은 면접질문, 평가척도에의 부합 정도를 파악하는 데 도움이 되지 않는 질문은 면접질문으로서의 가치가 없다. 제한된 시간, 짧은 시간 내에 진행되는 면접에서 아까운 시간만 허비하는 질문을 하는 것은 참을 수 없는 일이다.

[표 1-4] 평가기준과 면접질문의 기능

평가기준		면접질문의 기능	
구성	성격	시작 질문	후속 질문
평가요소	질문 방향을 의미	●	○
평가척도	답변 수준의 판단 잣대	○	●

시작 질문첫 질문, Primary or Leading Question**은** 먼저 주로 측정하고자 하는 평가요소(평가하고자 하는 인재요건)에 초점을 두고 질문을 던진다. 지원동기를 파악하고 싶으면 지원동기에 대해, 정직성을 알고 싶으면 정직에 대한 질문을 던진다. 만약 지원자의 창의성 및 혁신적 사고의 파악을 염두에 두고 던지는 시작 질문이라면 그 질문에 관련 문구(표현)가 반

드시 포함되어 있어야 한다.

따라서 지원자는 시작 질문을 들으면 어느 정도 무엇을 측정하려고 하는지를 알 수 있다. 이처럼 **시작 질문은 답변의 기본방향을 제시한다.** 평가하고자 하는 요소와 아무런 관련이 없는 시작 질문은 평가요소와 무관한 답변을 유발하므로 효과적인 질문이라고 할 수 없다(일부러 의도를 갖고 평가요소와 무관하게 질문을 던져볼 수도 있지만, 시간이 제약된 채용면접에서는 그렇지 않은 것이 일반적이다).

> **시작 질문**
>
> "자신이 만들어낸 창의적인·혁신적인 아이디어를 활용하여 어떤 활동이나 프로젝트의 성공에 크게 기여했던 사례에 관해서 설명해보세요."

후속 질문 Probing Question은 두 가지 목적에서 필요하다. 하나는 시작 질문에 대한 지원자의 답변에서 측정하고자 하는 평가요소와 부합하는 정도를 명확하게 하기 위해 후속 질문을 하게 된다. 예를 들어, 문제해결 능력을 파악하기 위해서라면, 실제로 어떻게 문제를 해결했는지에 대한 질문을 계속 하게 된다.

후속 질문을 하는 또 하나의 이유는 지원자의 수준을 파악하기 위해서다. 한 번의 질문과 답변으로만 끝나면 지원자의 수준을 판단하기 어렵다. 구조적 면접에서는 행동의 수준을 판단하기 위한 표준적인 평가척도가 준비되어 있다. 따라서 면접관은 후속 질문을 통해 지원자의 언행을 관찰·해석하여 평가척도에 따라 점수를 주게 된다.

이와 같이 시작 질문이 평가요소 그 자체, 즉 평가방향을 제시하는 기능이 있다면, 후속 질문은 답변 내용이 평가요소에 부합하는지, 그 수준은 어느 정도인지를 판단하는 데 주요한 기능이 있다. 따라서 지원자의 솔직한 참모습을 드러내도록 하는 데 아무런 기능도 하지 못하는 후속 질문은 의미가 없다. 어정쩡한 질문이나 후속 질문이 예리하지 못하면, 비슷비슷하거나 예쁘게 포장된 지원자들의 모범적 답변, 준비된 답변의 허실을 구분해내지 못해 전체 지원자에 대한 변별력이 떨어질 수밖에 없다(따라서 항상 시작 질문보다 후속 질문이 더 중요하다).

예를 들어 다음과 같은 질문은 위의 시작 질문에서 측정하고자 하는 창의성 관련 질문에 대한 후속 질문의 예시이다.

후속 질문

"그 아이디어를 어떻게 생각해낼 수 있었나요?"

"그 아이디어를 채택하라고 어떻게 설득했나요?"

"그래서 성과는 어느 정도였나요?"

"조직에서 사람들이 자기 의견을 적극적으로 제기하도록 하려면 관리자들이 어떻게 해야 한다고 생각하세요?"

"만약 당신의 상사가 그 당시의 관리자가 아니라면, 당신의 행동은 그대로 유지되었을까요. 아니면 바뀌었을까요?"

"당신은 여러 명이 함께 하는 업무(프로젝트)에서 자신의 생각이나 의견을 많이 제시하는 편인가요. 아니면 확실한 것이 아니면 쉽게 얘기하지 못하는 편인가요?"

"또 다른 사례를 간단하게 얘기해보세요."

물론 시작 질문에서 창의성·혁신성, 도전정신, 팀워크 등 평가기준(평가요소)을 시사하는 내용 없이 중립적으로 그냥 과거의 경험이나 사례를 얘기해보라고 할 수도 있다. 그러나 이 경우에는 두세 번째의 질문(후속 질문 초반)에서 반드시 평가요소와 관련된 표현이 질문에 드러나게 되어 있다. 다만 시작 질문이 개방적으로 되어 있을 뿐이지, 어떤 질문에서든지 평가요소와 관련된 표현이 들어있는 질문을 하게 마련이다. **결국, 면접질문은 평가요소와 평가척도를 염두에 두고 이루어진다.**

03
좋은 질문의
조건

좋은 질문과 나쁜 질문

좋은 질문은 어떤 것인가? 이는 면접관들의 기본적 관심사이다. 나쁜 질문은 무엇인가? 이것은 사실 지원자들이 면접을 보고 난 후 느끼는 평판에서 주로 나온다. 그러나 면접관들은 좋은 질문보다 효과적인 질문법에 관심을 가져야 하고, 지원자들은 어떤 질문을 받았느냐보다 자신이 어떻게 답변했느냐에 대해 성찰하는 것이 필요하다.

● **좋은 질문과 나쁜 질문의 차이**

면접질문은 하나의 질문이라기보다는 일련의 **연속적인 질문 묶음**(set)으로 이해해야 한다. 그리고 좋은 질문이란 지원자로부터 **평가기준**(평가요소와 평가척도)에 근거한 판단에 도움이 되는 증거를 이끌어내는 데 기여하는 질문이고, 나쁜 질문은 평가에 별로 도움이 되지 않는(뻔한, 아무런 의미가 없는, 증거를 이끌어내지 못하는) 질문을 의미한다.

따라서 특정의 질문 하나만 가지고 좋은 질문, 나쁜 질문을 구분하는 것은 큰 의미가 없다. '명품의 검'이라고 해도 그 검을 잘 쓰는 장수를 만나야 되듯이, 상황(면접 대상자, 평가 목적, 기준 등)과 답변의 맥락을 파악하여 적절하게 사용되면 좋은 질문이고, 아무리 그럴듯한 질문이라도 평가 목적을 달성하는 데 기여하지 못하면 나쁜 질문이기 때문이다.

[좋은 면접질문과 나쁜 면접질문]

- 하나의 질문을 갖고 '좋다·나쁘다'라고 평가하는 것 자체가 넌센스이다.
- 면접질문은 단일 질문 single question 이 아니라, 일련의 연속된 질문의 흐름이다.
- 평가기준(평가요소와 평가척도)에 의한 판단에 도움이 되는 지원자의 실제 증거를 이끌어내는 데 기여하는 질문이어야 좋은 질문이다.
- 관련된 일련의 질문을 통해서 면접의 목적을 달성할 수 있으면 좋은 질문이다.
- 나쁜 질문은 판단에 도움이 되지 않는 답변을 하게 하는(뻔한, 의미 없는) 질문이다.

필자는 면접관으로 오랫동안 인재선발을 해오면서 지원자들의 실제 능력과 인성을 제대로 파악하려면 어떤 질문을 어떻게 해야 할지에 대해 고민해왔다. 지원자가 실제로 어떻게 생각하고, 행동하는지, 조직에 입사하면 타인과의 상호작용을 어떻게 해나갈 사람인지를 파악하는 데 도움이 되는 질문은 무엇일지를 계속 고민하고 적용해왔다. 물론 필자가 좋아하고 즐겨하는 질문이 반드시 최선은 아니다. 다만 그동안 여러 기관에서 함께 면접관으로 참여했던 다수의 대학교수, 동료 면접관들에게 최고의 면접질문 목록을 정리한 것에 대한 빚을 지고 있다.

이곳에 소개되는 질문들, 필자가 최고의 질문이라고 이름을 붙인 질문들은 여러 해에 걸쳐 수많은 개인적 시행착오를 거쳐 엄선된 질문들이다. 필자가 제시하는 '최고의 질문'이란 것이 **면접질문의 성배(아무리 해도 찾을 수 없을 정도로 우수한)** 같은 것이다'라고 주장하지는 않지만, "당신이 우리 회사에 지원한 동기는 무엇인가?"라는 상식적인 질문보다는 훨씬 더 많은 정보와 함축성을 제공해줄 것으로 믿는다. 왜냐하면 그러한 질문이 지원자의 사고 패턴, 우선적 행동, 미래 행동 등의 가장 확실한 예측치를 드러나게 해줄 것이기 때문이다.

● **질문은 평가기준에 근거해야 한다.**

면접에서의 질문은 기본적으로 평가목적과 평가기준에 부합해야 한다. 또한 면접관은 평가기준에 부합하는 인재를 골라내겠다는 분명한 목적의식으로 무장되어 있어야 한다. 평가기준에 부합하지 않는 질문을 하게 되면, 시간의 허비, 다른 질문을 할 가능성의 차단, 피면접자에게 주는 나쁜 이미지 등의 부정적 효과가 쌓이게 된다.

마이너스 면접, 플러스 면접

면접장에서 지원자를 압박하는 질문 행태를 보이는 면접관을 자주 목격하게 된다. 이런 면접관의 행태가 선발 오류를 감소시키기는커녕 오히려 커지는 결과를 초래한다. 이미 입사지원서의 정보를 확인하고 마음은 한쪽으로 결론을 내리고 있으면서도, "전문대(지방대) 졸업했네요. 그런데 ~~~"라든지, "답변 내용에 별로 감동이 없어요. 그 정도의 경험으로 면접을 통과할 수 있을 것 같아요?", "○○씨 어떠셨어요? 그런데 어~ ~~어쩌구저쩌구를 제대로 답변하지 못하네요." 등의 발언으로 지원자의 기를 죽이는 면접관들이 있다.

● 두 가지 면접유형

면접관의 행태를 통해 두 가지 유형의 면접이 있을 수 있다. 즉 지원자의 최소 성과 minimum performance를 드러내게 하는 면접과 최대 성과 maximum performance를 드러내게 하는 면접의 두 가지 유형이다.

이러한 차이는 면접관의 태도의 차이에서 기인할 때가 많다. 전자는 지원자에게 어떤 숨겨진 단점이 있는지를 찾기 위한 면접이고, 후자는 지원자에게 어떤 숨겨진 장점이 있는지를 찾기 위한 면접이다. 면접의 본질은 후자, 즉 '지원자의 최대 성과를 확인하고 장점을 찾기 위한 면접에 있다'고 생각한다. 모든 다른 것은 부차적이다.

[표 1-5] 마이너스 면접과 플러스 면접

	마이너스 면접	플러스 면접
의미	지원자를 떨어뜨리기 위해 강한 압박과 당혹감을 유발하는 질문을 통해 지원자의 부정적 행동과 실수에 초점을 맞추는 면접	편안한 분위기를 조성하고 긍정적 질문을 통해 지원자의 진면목을 자연스럽게 확인하고 최대의 장점을 이끌어내어 최고의 인재를 뽑는 면접
특징	• 최소 성과 minimum performance에 초점 • 지원자의 단점을 찾기 위한 면접 • 조직성과와 인재상과 무관하게 떨어뜨리기 위한 면접	• 최대 성과 maximum performance에 초점 • 지원자의 장점을 찾기 위한 면접 • 조직특성과 인재상에 부합한 인재선발을 위한 면접
결과	그저 그런 인재선발	인재상에 부합하는 최적 인재선발

● **마이너스 면접의 원인**

실제로 면접은 전자의 모습, 즉 마이너스 면접으로 진행되는 경우가 많다. 왜 그럴까? 첫 번째는 면접이나 시험에 대한 편향된 인식 때문이다. "면접은 기본적으로 압박과 긴장감을 주면서 해야 진짜를 알 수 있어.", "편하게 질문하면 잘못된 기대를 주게 되거든." 등의 인식을 가진 면접관이 예상외로 많다. 이는 면접관 자신들이 과거에 겪은 경험이나 고정관념을 그대로 투영하려고 하기 때문이다.

두 번째는 사람을 뽑는 입장에서는 마음이 급하고 시간 제약을 받기 때문이기도 하다. 지원자가 여러 명이면 일단 몇 명을 탈락시켜서 인원을 줄여야 선발하기가 쉽다고 생각하기 때문이다. 그래서 '탈락시킬 이유를 찾기 위해' 또는 '홀가분하게 또는 마음 편하게, 미련 없이 탈락시킨 이유를 대기 위해' 마이너스 면접방식에 쉽게 빠져들고 자기합리화를 하는 면접관들이 있다.

세 번째는 우리 기업들의 보신·보수주의 또는 관료주의 문화 때문이다. 뭔가 일을 잘못하면 큰 비난을 받는 조직문화에서는 모두 몸을 사리게 된다. 사람들은 웬만한 모험은 피하려고 하고, 새로운 가치를 찾기보다는 리스크를 최대한 줄이려는 마음을 갖고 있다. 켄트 벡은 이것을 'Playing not to lose(지지 않으려고 플레이하는 것)'라고 표현하며 '이기려고 플레이하는 것Playing to win'과 대비하여 설명한다. 그래서 후보를 탈락시키려는 노력을 하고, 마지막까지 살아남은 사람을 뽑게 되는 것이다.

● **플러스 면접의 방법**

물론 조직의 특성에 따라 요구되는 인재의 특성이 다르다. 군 조직이나 안전이 가장 중요한 생산 조직 등의 경우에는, 마이너스 면접이 유효할 수도 있다. 특별한 장점이나 톡톡 튀는 사람보다, 실수하지 않고 주어진 역할을 충실하게 수행하는 사람이 요구되기 때문이다. 그러나 IT 계열의 회사, 새로운 도전과 모험심이 요구되는 곳에서는 마이너스 면접방식은 최선이 아니다. 이미 정해진 틀 안에서만 보게 되고, 새로운 가치에 도전하는 인재를 발견할 수 없기 때문이다.

면접관이라면 마음속으로 "이 사람에게선 어떤 숨겨진 가치와 재

능을 발견할 수 있을까, 같이 한번 찾아보자고!" 하는 일종의 들뜬 마음가짐이 있어야 한다. '이 사람에게서 어떤 약점을 발견해서 탈락시킬까?'라는 약점 중심의 사고를 하면 사실 뛰어난 인재 얻기가 무척 어려워진다. 그냥 평범한 모범생을 얻을 뿐이다. 면접이 꼭 그럴 필요는 없고, 지원자의 숨겨진 '베스트'를 끌어내도록 해야 한다.

관리자나 경영진이 수행하는 면접관의 행태는 그 회사의 조직 문화와도 연관이 있다. "니가 잘해? 얼마나 잘하나 한번 보자. 잘하면 상을 주지만 못하면 벌이지. 여긴 정글이야!" 하는 조직이 있는가 하면, "여러분이 최고의 퍼포먼스를 내도록 최대한 도와드리겠습니다"라는 조직도 있다. 피터 드러커는 문제중심의 조직과 기회opportunity중심의 조직을 비교하면서, 문제나 약점에 집중하는 것보다 기회와 강점에 집중하는 조직이 더 뛰어난 성과를 보인다고 역설한 바 있다. Organizations have a gravity, the weight is constantly being pushed into being problem-focused, and one has to fight it all the time. ~~~Peter Drucker

각 조직은 자기 조직에 적절한 사람을 뽑을 권리가 있다. 그러면서도 다른 종류의 사람을 부지불식간에 몰아내는 항체가 있다. 따라서 면접을 볼 때 지원자가 최대한 자신의 실력을 발휘하도록, 그 잠재성을 발휘하도록 도와줘야 한다.

면접관은 되도록 노트북을 쓰지 말아야 한다. 보통 노트북을 펼쳐놓고 지원자와 마주앉게 되는데, 지원자의 얼굴을 쳐다보지 않고 컴퓨터 화면에만 집중하거나 키보드를 만지작거리는 것 등의 행동은 지원자를 불안하게 또는 산만하게 만든다. 될 수 있으면 동시에 많은 면접관이 들어가지 않도록 하고 최대한 부드럽고 편안한 분위기를 만들어

주어야 한다.

처음에는 지원자가 답하기 쉬운 질문에서 시작하는 것이 좋으며, 지원자의 정보만 취하려고 하지 말고 가끔 면접관 본인의 정보도 주는 것이 좋다. "사실은 저도 회사에서 일하다 보면 그럴 때가 있어요. ~어쩌구저쩌구" 하면서 속내 이야기도 하고 맞장구도 쳐주고 하면 훨씬 진실에 가까운 이야기를 들을 수 있다.

그리고 지원자가 일을 잘 하던 상황과 비슷하게 환경을 꾸며주어서, 그의 업무 실력을 가늠해봐야 한다. 억지로 꾸며진 답변이나 화술로 포장된 답변은 업무 실력과 큰 상관이 없다. 상당한 스트레스 환경하에서 달변 능력이 핵심인 직무는 그리 많지 않다. 뛰어난 업무 능력을 가졌지만 면접 상태에서의(특히 압박) 대응이 순간적으로 미진한 지원자를 면접 답변이 부실하다고 판단하여 놓치는 우수 인재들이 의외로 많다. 가능한 긍정적으로 지원자 스스로 신나서 자신 있게 답변하도록 한 상태에서의 내용을 가지고 판단하는 플러스 면접을 해야 한다.

면접관으로서의 질문 능력 테스트

지원자만이 아니라 면접관도 학습하고 훈련해야 한다. 면접관 훈련을 통해 면접에 대한 지식과 기술을 학습하는 것이 효과적이긴 하지만, 스스로 노력하는 것도 매우 중요하다. 다만 시중의 책 중에서 면접관이 스스로 훈련하는 데 도움이 되는 책은 거의 없다. 이 테스트는 그런 갈증을 느끼는 사람들에게 도움이 될 것으로 본다. 좋은 질문이란 어떤 질문인가? 자신의 질문 능력을 테스트해보자.

● **면접관의 임무**

면접관의 임무는 지원자의 인성이나 직무역량, 경력 등을 확인할 수 있는 질문을 통해 주어진 시간 내에 인재로서의 가능성을 판단하는 데 있다.

최근의 취업준비생들이나 면접지원자들은 학교의 지원, 취업 동아리활동, 취업 온라인 커뮤니티, 개인적인 컨설팅 등을 통해 엄청난 준비를 한다. 기출면접문제와 예상되는 면접질문을 만들어 연습에 연습을 거듭한다. 한마디로 면접관과의 한판 대결을 준비하는 것이다. 그럼에도 불구하고 지원자들은 실제 면접장에서는 긴장과 불안감을 갖게 마련이다. 평소 자기 모습의 반만큼도 알리지 못하고 실패하는 경우도 많다. 지원자들이 충분한 사전준비를 했으면서도, 심리적 불안감으로 인해 실력 발휘를 충분히 하지 못하는 상황에 빠지는 것이다. 따라서 면접관은 적성과의 부합성은 물론이고 지원자의 모든 요소를 파악할 수 있는 면접질문 기술을 익히지 않으면 진검 승부를 할 수 없다. 면접관은 효과적인 질문을 통해 많은 정보를 캐낼 수 있어야 하고 지원자의 답변 속에서 '긍정 신호'와 '부정 신호'를 탐구하고 가능성을 판단할 수 있어야 한다. 또한 지원자의 답변에서 단서를 얻어 탐색질문을 계속 이어나가 더 많은 정보를 끌어내는 기술도 있어야 한다.

● **질문 능력 테스트**

다음에 제시하는 문제를 풀어보자. 문제에는 각 문항마다 〈가－나－다〉 3개의 각기 다른 질문 형태가 있다. 각 문제를 잘 읽고 어떤 문항이 지원자로부터 원하는 정보를 얻는 데 효과적인 질문인지 선택해보기 바란다. 이런 테스트는 절대 정답이 있는 것은 아니지만, 어떤 것이 효과적인 질문인지 우선순위는 부여할 수 있다. 각 결과 값을 합산하여 자기 자신의 수준을 점검해보도록 구성했다.

문제 구성은 일반적인 지원동기, 목표, 강약점 파악 등이 포함된 인성과 자질 측면에서 5문제, 직무역량이나 전문성, 업무수행에 필요한 능력을 파악하는 차원의 문제 5개로 총 10개 상황의 질문으로 구성했다.

본 테스트를 통해 효과적인 질문을 할 수 있는 기술 수준이 어느 정도인지 스스로 점검해보길 바란다. 나아가서 성공적인 면접관이 되기 위해 필요한 자질이나 개발 영역을 확인하고 훈련하는 데 활용하면 도움이 될 것이다.

[질문 능력 테스트 문제 10선]

Q1 다음 중 지원자의 지원동기를 파악하는 데 가장 효과적인 질문은?
　가. 우리 회사의 어떤 일에 가장 관심이 있습니까?
　나. 본인이 지원한 ○○직무의 어떤 점에 매력을 느끼나요?
　다. 본인이 지원한 우리 회사(업무)와 전에 근무했던 직장(업무)과 차이점이 있다면 어떤 것입니까?

Q2 다음 중 지원자가 지니고 있는 장단점을 파악하는 데 가장 효과적인 질문은?
　가. 주변동료에게 본인의 장점을 묻는다면 무엇이라 말해줄 것 같은가요? 그리고 그 이유는 무엇입니까?
　나. 본인의 강점이나 약점은 무엇입니까?
　다. 본인이 몸 담아본 조직이나 집단에서 어떤 기여를 하였습니까?

Q3 다음 중 지원자와 지원한 업무 분야와의 적합성을 파악하는 데 가장 효과적인 질문은?
　가. 본인과 지원한 일의 적합성을 스스로 채점한다면 몇 점입니까?
　나. 해당직무에서 가장 필요로 하는 자질은 무엇이라고 생각합니까?
　다. 지원한 직무 분야에서 본인은 어떤 가치를 창출할 수 있습니까?

Q4 다음 중 지원자의 미래 포부나 목표에 대하여 알 수 있는 가장 효과적인 질문은?
가. 5년 후 본인은 무엇을 하고 있을까요?
나. 본인의 단기목표와 장기목표에 대해 각각 말해주세요.
다. 지원 분야의 일이 본인의 장기적인 계획과 일치하는 점이 있습니까?

Q5 다음 중 지원자가 실패를 통해서도 성장하는 특성이 있는지를 파악하는 데 가장 효과적인 질문은?
가. 실수로 인해 터득한 가장 값진 일은 무엇입니까?
나. 본인의 실수가 다른 사람의 책임으로 돌아간다면 어떻게 하겠습니까?
다. 한 번 실수는 병가지상사라고 합니다. 최근에 일하면서 실수한 경험이 있습니까?

Q6 다음 중 지원자의 대인관계 능력을 파악하는 데 가장 효과적인 질문은?
가. 주변인들로부터 어떤 사람이라는 평가를 받고 있습니까?
나. 다른 사람과 의견충돌이 있었던 경험을 이야기해주세요.
다. 친구, 선후배 등과 의견이 맞지 않았던 경험이 있습니까?

Q7 다음 중 지원자의 팀워크나 협동심을 파악하는 데 가장 효과적인 질문은?
가. 본인이 팀원으로서 활동한 경우 어떤 존재였나요? 함께 활동한 동료에게 묻는다면 어떻게 답변을 할 것 같은가요?
나. 과거에 동료들과 트러블이 생긴 적은 없었습니까?
다. 팀원으로서 본인은 동료들로부터 어떻게 평가받고 있습니까? 세 가지를 들어 얘기해주세요.

Q8 다음 중 지원자의 전문 분야를 확인하는 데 가장 효과적인 질문은?
가. 다른 사람보다 자신 있는 분야는 무엇입니까?
나. 지원한 분야의 일을 살릴 수 있는 최대강점은 무엇입니까?
다. 본인의 분야에 대해 어떤 식으로 최신 정보를 캐치하고 있습니까?

Q9 다음 중 지원자의 성취감이나 성과물에 대한 결과를 확인하는 데 가장 효과적인 질문은?
가. 지금까지 상을 받았거나 특별한 보상을 받은 적이 있습니까? 그때 얘기를 해보세요.

나. 지금까지 일을 통해 성공한 사례를 세 가지만 들어주세요.
다. 지금까지 본인의 경력에서 가장 만족했던 일은 무엇입니까?

Q10 다음 중 지원자의 프로젝트 수행 등 과업관리 능력을 파악하는 데 가장 효과적인 질문은?
가. 프로젝트 수행 등 과업관리 능력에 대해 스스로 채점해주세요.
나. 한 번에 여러 개의 프로젝트에 몰두해야 한다면 어떻게 우선순위를 매기겠습니까?
다. 본인의 과업관리 능력에 대해 당시 멤버들은 어떻게 평가하고 있습니까?

각 문제의 질문 중에서 자신이 가장 효과적이라고 체크한 질문(가-나-다)을 다음 답안지 표에 옮긴다. 종합 채점 결과와 가장 효과적인 질문방식에 대한 해설은 책의 후반부에 있다.(187~199쪽 참조)

[표 1-6] 답안지

문제/질문	가	나	다	비고
1				
2				
3				
4				
5				
6				
7				
8				
9				
10				
합계				

단 하나의 질문

최고 인재를 찾아내는
단 하나의 질문

04
단 하나의 질문 _
인성

채용면접에서의 단 하나 최고의 질문

● **최고의 질문**

> "지금까지의 당신의 경력에서 당신 스스로 가장 중요한 성취라고 생각하는 단 하나의 일을 고른다면 무엇이라고 하겠습니까?
> What single project or task would you consider your most significant accomplishment in your career to date?"
>
> — Lou Adler

이 질문은 세계적인 인재평가·선발 전문 컨설팅 기관인 'Adler그룹'의 창업주이자 CEO인 Lou Adler가 추천하는 최고의 면접질문이다. 아들러는 왜 이 질문을 유일한(단 하나의) 최고의 면접질문 The Only Interview

Question That Matters 이라고 추천하는 것일까?

이 질문이 왜 그렇게 강력한지를 이해하려면, 여러분이 지금 어떤 기업의 면접을 보고 있는 취업준비생(신입사원 또는 경력사원 모두 해당함)의 입장에서 이 질문을 받았다고 생각해보라. 여러분은 어떤 성취 사례를 가지고 위의 질문에 답변하겠는가. 그리고 20~30분 동안 다음의 연속 질문이 계속적으로 이어진다면 어떻게 답변하겠는가.

- 방금 얘기했던 그 성취 사례를 좀 더 구체적으로 묘사해줄 수 있나요?
- 그 당시 당신의 동료, 직함, 위치, 역할, 관여된 팀에 대해서 말해주세요.
- 실제로 성취한 결과는 어떠했나요?
- 그 정도의 성취가 왜 대단한 것이지요?
- 언제 있었던 일이고, 얼마나 오랫동안 진행되었던 일이었나요?
- 당신이 그 일을 하게 된 배경이나 이유는 무엇이었나요?
- 그 일을 수행하는 동안 어려움은 없었나요. 1~2개의 가장 큰 어려움에 대해 구체적으로 얘기해보세요.
- 특별히 애를 쓰거나 솔선해서 했던 것은 무엇이었나요?
- 그 계획에 대해서 설명해주세요. 어떻게 해냈고, 진정한 성공 여부를 무엇으로 측정했나요?
- 당시 그 일을 둘러쌓던 환경과 자원에 대해서 말해보세요.
- 상사manager의 스타일은 어떠했으며, 당신은 그 스타일을 어떻게 생각했나요?

- 목표를 달성하기 위해서 필요로 했던 기술적 능력은 무엇이며, 그 기술들은 어떻게 사용되었나요?
- 가장 큰 실수는 무엇이었나요?
- 그 프로젝트에서 진정으로 즐겼던 면은 어떤 점인가요?
- 가장 관심을 두었던 측면과 그것을 어떻게 다루었는지 설명해보세요.
- 다른 사람들을 어떻게 관리했고 어떻게 영향을 주었는지 예를 들어보세요.
- 한 인간으로서 어떻게 변화했으며 어떻게 성장했나요?
- 다시 그 일을 하게 된다면 어떤 면을 다르게 할 것 같은가요?
- 그 일로 인해 공식적으로 인정받은 것이 무엇이었나요?

● 왜 최고의 면접질문인가?

지원자가 답변한 최고의 성취 사례가 진짜 대단한 성취·성공의 사례라고 객관적으로 확신을 가졌고, 계속적으로 이어진 여러 질문에 대해 당당하고 거침없이 답변했다면, 불과 30분 정도의 시간이라도 면접위원은 이 한 가지의 기본 질문_{primary question}으로부터도 지원자에 대해 알아야 할 모든 것을 알아낼 수 있다. 지원자의 강점과 전문성만이 아니라, 일에 대한 가치관이나 일처리 방식, 도전과 성취를 추구하는 자세, 문제를 해결하는 자세와 능력, 조직생활과 리더십 등 면접관이 알고 싶은 여러 가지를 하나의 기본 질문으로부터 모두 파악할 수 있게 한다.

이는 위 질문 자체가 유일한 최고의 질문이기 때문은 아니다. 그저

장치일 뿐이다. 진정으로 중요한 것은 지원자의 성취에 관한 디테일을 파악하는 것이며, 그 디테일을 파고드는 것이 진짜 성공적이고 효과적인 면접이기 때문이다. 이것이 아들러가 이 질문을 최고의 채용면접질문이라고 주장하는 근거이다.

아들러의 시작 질문 leading question은 기본적으로 '열린 질문 open question'이고 '긍정적 질문 positive question'이다. 이런 열린 질문을 던진 후에 지원자의 답변과 연계하여 계속적으로 심층 질문을 한다. 기본 질문(시작 질문)이 긍정적 질문이기 때문에 지원자를 편하게 만든다. 지원자의 좋은 경험에 대해 묻는 질문이기 때문에 지원자는 신바람이 나서 기분 좋게 답변할 수 있다(물론 대단한 성취라고 내세울 것이 신통치 않은 사람은 머뭇거릴 수도 있지만).

여러분 주변의 면접장면을 연상해보라. 대개 다수의 면접위원이 돌아가면서 여러 가지의 질문을 지원자에게 던진다. 지원자 개인의 업무 경험, 지원동기, 장·단점, 전문성, 대인관계 등의 다양한 측면을 확인하기 위해, 그리고 4~5개로 구성된 평가표의 평가기준에 맞추어 질문해야 하기 때문이다. 그러나 이런 질문방식으로는 우리가 원하는 인재를 효과적으로 찾을 수 없다. 왜냐하면 각각의 질문에 대한 답변은 웬만한 지원자라면 모두 대비하고 있기 때문이다. 그러한 답변은 사실 지원자의 진면목이 아니다. 허위까지는 아니더라도 과장된 모습일 수도 있고, 교과서 같은 답변을 해야 한다는 의식의 결과일 수도 있다.

아들러가 권장하는 '단 하나의 최고 질문' 그리고 후속 질문들이 어떻게 인재를 찾는 데 도움이 되는지에 대해 생각해보자. 필자는 똑똑한 면접질문을 찾기 위해서 귀한 시간을 허비하지 말고, 한 가지 질문이라도 명확한 방향을 갖고 연속적인 후속 질문을 통해 인재 특성을 파악하라고 권유한다. 지원자의 답변으로부터 계속 꼬리를 물고 이어지는 연계 질문을 할 수 있는 능력, 이것이 인재 프로파일러로서의 프로 면접관이 갖추어야 할 핵심 능력이다.

● 인재 특성의 속성과 평가요소

지원자는 면접 전에 지원하려는 회사의 홈페이지를 방문하여 인재상을 확인하는 것이 필수이다. 기업이 원하는 인재 특성, 그것을 흔히 인재상이라고 한다. 인재상은 직무별로 차이가 있지만, 신입사원의 경우에는 핵심 가치와 연계하여 직무와 관계없이 공통적으로 요구되는 인재상을 정의하는 것이 일반적이다. 그러나 기업의 인재상도 시대에 따라 다르게 나타나고, 점차 중요시되는 요소가 달라지기도 한다.

일반적으로 채용면접에서는 지원자의 지원동기, 가치관, 인성, 역량, 전문성, 외모 등을 검토한다(신체 특징을 직접 거론하며 질문하지는 않지만, 외모도 최종적인 판단에 영향을 미치는 것은 현실이다). 다만 기업별로 강조하는 업종이나 직무특성, 경영철학에 따라 기대하는 인재 특성의 차이가 있을 뿐이다. 평가 채점표의 평가요소(인재상)는 대체로 5개를 넘지 않는다.

여러 기업의 채용면접에서 적용하는 평가요소(인재상)를 종합적으로 분석해보면, 전반적으로 유사한 점이 드러난다. 〈표 2-1〉 어느 기업에서나 인성, 역량, 가치관, 전문성 등의 영역에서, 또는 일과 조직, 대인관계, 개인의 사고 영역에서 한두 개씩 균형 있게 평가요소를 구성하고 있다. 따라서 지원자에게 더욱 중요한 것은 특정 능력에 한정하기보다는(그래서 이번 면접에서 어떤 질문을 할까라는 것에 고민하기보다는) 좀 더 범위(개수)를 늘려 인성, 가치관, 능력 전반에 대해 자신감을 가지고 답변할 수 있게 준비하는 것이 중요하다.

[표 2-1] 일반적 평가요소와 개별기업의 최종 평가요소의 대응

기업체	요소	평가요소	평가영역
A사	정직 창의성 대인관계	· 회사에 대한 이해, 열정	지원동기
		· 윤리, 정직성 · 열정, 도전, 적극성 · 성실, 책임감	인성
B사 (금융기관)	성실 윤리의식 친화력 창의성/적극성	· 인생관 · 직업관, 일하는 자세/스타일	가치관
C사 (백화점 판매직)	적극성 성실/책임감 고객지향 문제해결	· (사고역량)문제해결, 전략적 사고 · 창의성 · (관계역량)대인관계 · 의사소통 · 리더십 · 고객지향 · (업무역량)성과관리, 변화관리 · (자기관리역량)학습	역량
D사	열정 도전정신 문제해결 능력 대인 관계 전문성	· 관련 지식, 스킬	전문성
		· 외모 · 자세, 버릇 · 이미지, 첫인상(호감도)	외모

● **최고의 질문 목록 출처의 배경**

다음은 그동안의 경험을 토대로 우리나라 채용면접에서 일반적으로 적용되는 평가요소의 분야별 최고의 질문 목록을 정리해보았다. 이 질문들이 반드시 최고의 질문은 아닐 수도 있다. 선발 목적과 상황에

따라 좋은 질문은 달라질 수 있기 때문이다. 하지만 엄선된 질문이라고 자부할 수는 있다. 우리나라 최고의 면접관들이 현장에서 적용했던 질문들을 수집하고, 토론하여 정리한 결과들이기 때문이다.

지원동기를 파악하는 최고의 질문

● **지원동기를 파악하기 위한 면접질문**

> "우리 회사에서는 연말에 갓 입사한 1년이 넘은 직원들을 격려하는 자리가 있다. 그들의 공로를 축하하고 동기부여를 하기 위해 오랫동안 시행되어 온 우리 회사만의 자랑스러운 전통이다. 그리고 그때 최고의 신입사원을 선발하여 시상도 한다. 만약 당신이 그 자리에서 최고의 신입사원으로 선발된다면 어떤 이유 때문일 것으로 생각되나요?"

이 질문은 "우리 회사에 입사해서 당신이 기여할 수 있는 부분이 무엇인가?", "어떤 장점과 노력을 통해 인정받고 싶은가?"와 같은 질문을 가상의 상황질문 형태로 바꾼 질문이다. 보통 "당신은 왜 우리 회사에 지원하였습니까?" 또는 "우리 회사를 지망한 동기는 무엇입니까?"라는 직설적인 질문이 지원동기를 파악하는 가장 일반적인 질문이다. 이러한 질문도 '열린 질문 open question'의 형태라서 후속 질문을 어떻게 하느냐에 따라 지원자의 다양한 정보를 얻을 수 있는 좋은 질문이다. 그러나 지원자들에게 익숙한 질문이라서 준비된 답변만 들을 가능성이 높다. 때문에 위 질문처럼 질문의 취지나 목적이 같더라도 질문 방식을 조금만 바꾸어도 잘 준비되고 세련된 질문이라는 이미지를 지원자에게 줄 수 있는 최고의 질문이 된다.

● **활용 가능한 후속 질문**
- 그런 성과나 기여가 실제 가능할 것이라고 주장하는 근거는 무엇인가요?
- 구체적으로 어떤 행동을 했기 때문일까요?
- 그런 정도의 성과와 행동으로 최고의 신입사원이 될 수 있나요? 그런 정도는 누구나 할 수 있는 정도가 아닐까요? 당신의 답변 내용이 다른 사람과 비교해서 확실히 우위에 있다고 확신할 수 있습니까? 그 근거가 무엇인가요?
- 그러한 성과를 내는 과정에서 나타날 예상 장애물은 무엇인가요. 어떻게 극복하겠습니까?
- 혹시 그런 행동이나 성과를 냈던 최근의 경험 사례가 있었나요? 두 가지만 얘기해보세요.
- 그러한 특성을 평소 어떻게 연마해왔나요?

● **평가 포인트와 판단 잣대**

지원동기를 파악하는 질문은 어느 면접에서나 반드시 나온다. 우리 회사에 대한 관심과 이해, 일에 대한 열정이 어느 정도인지를 알 수 있기 때문이다. 또한 지원동기를 확인하면서 어떤 사안에 대한 준비자세와 절실함을 파악할 수 있고, 이를 통해 회사에 대한 충성도나 조직적합성 organizational fit도 알 수 있기 때문이다.

[표 2-2] 지원동기 질문의 평가 포인트와 판단 잣대

평가 포인트	판단 잣대

• 지원 회사에 대한 관심과 이해 정도
• 지원 직무에 대한 관심과 이해 정도
• 일에 대한 열정
• 회사에 대한 충성도
• 조직적응의 가능성
	• 답변 스토리의 진실성
	  - 답변이 구체적인가
	  - 본인의 실천 노력이 실제 가능한 정도
	• 답변 스토리의 적절성/난이도
	  - 성과 또는 기여 정도의 크기 여부
	  - 실천하기 어려운 정도인가의 여부
	• 절실한 입사 의지
	  - 회사에의 관심이 언제부터인가
	  - 입사를 위해 언제부터, 구체적으로 어떤 노력을 해왔는가
	  - 입사 의지를 확인할 수 있는 분명한 행동 증거 여부

지원동기의 답변에 대한 가장 중요한 판단 잣대는 첫째 **답변의 진실성 여부이다.** 지원동기에 대한 질문은 지원자가 필수적 예상 질문으로 생각하고 누구나 준비하는 기본 질문이기 때문에 옥석을 가려내기 곤란하다. 그래서 면접관이 가장 많이 하는 질문이기도 하지만 가장 곤혹스러운 질문이기도 하다. 항상 듣기 좋은 답변만 여러 지원자로부터 반복하여 듣게 되기 때문이다.

진실성 여부는 스토리의 적절성과 구체적 설명 여부에 의해 판가름

하게 된다. 막연하게 듣기 좋은 말만 하는 것과 구체적 사례를 갖고 설명하는 것과는 아무래도 격차가 드러나게 마련이다. 구체적 설명이 있으면 그에 대한 후속 질문을 통해 검증할 수도 있다. 막연하게 좋은 얘기만 하는 지원자에게는 구체적인 증거를 대보라는 질문을 하면 당황할 수도 있다.

그다음 판단의 잣대는 **절실함이다.** 자신이 회사에 입사하려고 얼마나 대단한 관심을 갖고 노력했는지, 그냥 좋은 회사여서 지원을 했는지 등을 파악해보는 것이다. 절실한 입사 의지는 지원자가 준비하고 노력한 과정, 즉 실천 행동이 회사 또는 직무와 부합하는 것인지, 준비해온 기간과 노력의 강도가 어느 정도인지를 통해 파악할 수 있다. 그리고 답변하는 자세, 당당함과 자신감, 적극적 태도 등을 통해 종합적으로 판단하게 된다.

● 유의사항 및 질문 요령

지원동기를 확인하기 위한 질문에서 가장 조심해야 할 것은 많은 지원자가 심혈을 기울여 사전에 준비하는 예상 질문이라는 점이다. 마지막 면접까지 올라온 지원자들은 모두 혼신의 힘을 다해 취업하고자 희망하는 회사에 대한 사전 정보를 수집하고 면접을 준비한다. 따라서 면접관이 의례적으로 "당신은 왜 우리 회사에 지원하였습니까? 우리 회사를 지망한 동기는 무엇입니까?"라고 질문을 던지면, 면접관은 지원자가 준비한 답변만 듣게 될 가능성이 높다. 각종 면접 지도 전문기관이나 전문가들이 취업 준비생들에게 조언하는 것도 이 질문에 대한 모범적 답변에 대한 것들이다.

따라서 면접관이 반드시 물어보고 확인하고 싶은 것이 만약 지원동기에 대한 것이라면, 변별력을 확보하기 위해서라도 직접적으로 지원동기에 대해 묻기보다는 최고의 질문처럼 간단한 상황질문을 통해 접근해보는 것도 하나의 방법이다.

그리고 다른 질문과 연계하여 질문하기 좋은 것이 지원동기에 대한 답변이다. 지원동기에 대한 질문은 그 자체로서만 의미를 갖는 것이라기보다는 다른 질문과 연계하여 활용할 때 질문 효과가 배가된다. 면접에서의 첫 질문으로 지원동기를 물어보았다면, 이에 대한 지원자의 답변 내용을 메모해두었다가 바로 후속 질문을 할 수도 있고, 면접 후반부에 다른 평가요소에 대한 질문을 할 때 은근히 연계하는 질문을 할 수도 있다.

[질문의 특성 및 평가요령]

- 지원자가 가장 많이 준비하는 예상 질문이다.
- 면접관이 듣기 좋아할 모범적 답변을 하는 지원자의 옥석을 식별하는 데 집중한다.
  - 직접적 질문보다는 간접적 질문을 활용하라.
  - 답변의 키워드를 메모한 후, 반드시 **후속 질문**을 통해 일관성과 진정성, 사실성, 구체성을 확인하라.
  - 다른 평가요소에 대한 **질문과 연계**하라.

● **유사 질문**(대상자 고려)

- 우리 회사를 지망한 동기는 무엇입니까?(가장 일반적 질문)
  - 우리 회사 같은 중소기업을 선택한 이유는 무엇입니까?

- 왜 이동통신업계(은행)를 지망했습니까? 그중에서도 우리 회사를 선택한 이유는 무엇입니까?
- 우리 회사에 대해 알고 있는 점을 말해보세요.(관심 파악 질문)
  - 우리 회사의 장·단점을 3개씩 말해보세요.
  - 우리 회사의 핵심 상품(서비스)이 무엇인지 아시나요. ~~ 당신의 장점이 우리 회사의 핵심 상품(서비스)에 어떻게 기여한다는 것이지요?
  - 그동안 우리 회사에 입사하기 위해 구체적으로 어떤 준비를 했나요? 언제부터 준비했나요?
  - 우리 회사 홈페이지의 우수한 점과 개선해야 할 점을 두 가지씩만 말해보세요.
- 오늘 면접장에 오시면서 스마트폰을 보았지요? 어떤 내용을 보았나요? (오늘 면접장에 오시기 전 일주일의 생활을 간단하게 요약해서 말해보세요.)
- 우리 회사를 제3자에게 소개한다면 어떻게 소개하겠습니까? 당신의 할아버지나 할머니에게 우리 회사를 소개한다고 가정하고 간단하게 설명해보세요.(오늘 면접을 보는 회사가 어떤 회사라고 소개했나요?)
- 왜 ○○직무 분야를 선택했습니까?
  - '이런 분야의 일을 하고 싶다'라고 마음먹은 것은 언제입니까? 그리고 무엇을 어떻게 준비하였나요? 특별히 노력한 것이 있나요?
  - 만약 이번 채용에서 우리 회사에 불합격하면 어떻게 하겠습니까?

- 당신은 무엇을 기준으로 회사를 선택합니까? 우리 회사를 선택한 이유는 무엇입니까?
- 취직하면 집안에 경제적으로 어느 정도 보탬이 된다고 생각합니까?
- 당신이 원하지 않는 지역이나 직무에 배치된다면 어떻게 할 생각입니까?
- 지방근무(또는 해외발령)라도 근무하겠습니까?
- 우리 회사는 일의 특성상 거의 매일 야근을 하는 회사입니다. 이로 인해 '회사에 들어가더니 연락도 하지 않는다'는 등 당신의 친구들로부터 따돌림을 당할 수도 있습니다. 이처럼 대인관계가 나빠지게 될 수도 있는데 어떤 방식으로 대처하겠습니까?

◆ **나만의 질문을 추가해봅시다** (지원동기)

인성 전반을 파악하기 위한 최고의 질문

● **인성 전반을 파악하기 위한 최고의 질문**

> "나는 참 행복하다. 기분 좋다"라고 느낄 때는 언제입니까? 주로 어떤 일을 할 때 그런 느낌을 갖게 되나요. 최근의 사례 두 가지만 얘기해보세요.

정직, 성실, 열정 등 특정의 인성 요소에 초점을 두기보다는 포괄적인 열린 질문을 통해 다양한 인성요소 또는 지원자의 기본적인 인성을 파악할 때 사용 가능한 시작 질문이다. 또한 열린 질문이면서도 긍정적 질문이기 때문에 지원자가 가장 편하고 자신 있게 답변할 수 있도록 분위기를 유도하는 질문이기도 하다. 면접 초반의 질문이나 첫 질문을 이와 같이 지원자에게 우호적 질문(?)으로 시작하게 되면, 지원자가 편안하게 마음을 열고 신나게 답변할 가능성이 높아진다. 그 이후의 다양한 형태의 질문 전략과 후속 질문을 통해 지원자 답변의 일관성을 점검하면서 지원자의 진면목을 파악하는 것이 바람직하다.

● 활용 가능한 후속 질문
- 그 당시 당신이 했던 행동을 조금 구체적으로 말해보세요.
- 왜 그런 행동을 하였지요. 그 이유와 배경이 무엇입니까?
- 그런 상황이 그 이후에도 자주 일어났나요. 그 이후 자주 행복한 일을 경험하지 못하는 이유는 무엇일까요?
- 우리 회사에 들어오면 그런 행복하고 기분 좋은 일만 하게 되는 것은 아닐 수도 있는데요. 그럴 땐 어떻게 하겠습니까?

● 유사 질문
- 본인의 성격에 대해 간단하게 말해보세요.
- 가장 좋아하는 인간형과 싫어하는 인간형은 어떤 사람들인가요?(갈등 유발형 비교 질문)
  - 만약 입사 후 가장 가까운 사람(상사, 동료, 후배 등)이 당신이 가장 싫어하는 인간의 유형이라면 어떻게 하겠습니까?
- 당신의 가장 취약한 점(단점)은 무엇입니까? 이를 극복하기 위해 어떤 노력을 했습니까?
- 부모, 선배 등 손윗사람과 견해 차이가 있을 때 보통 어떻게 대처하나요? 구체적인 사례를 들어 설명해보세요.

- 만약 이번 면접에서 떨어진다면 그 이유는 무엇이라고 생각되나요?

◆ **나만의 질문을 추가해봅시다**(인성 전반)

인성평가의 질문 방향과 평가 포인트

'인성'은 요즈음 능력보다 더욱 중시되는 인재평가 요소이다. 많은 인사팀장들이 "인성이 좋은 인재가 미래에 발전 가능성도 있고 회사에 적응도 잘한다"고 이구동성으로 말한다. 최근 역량면접이 부각되기도 하지만, 채용면접에서의 필수 질문은 여전히 인성을 파악하기 위한 것이라고 해도 과언이 아니다. 흔히 1차 실무자 면접은 역량면접, 2차 경영진 면접은 인성면접이라고 구분하기도 한다.

● **인성이란?**

역량이 좀 더 조직과 직무의 현실적 요구를 실행해내거나 성과를 만들어내는 데 보다 직접적인 개인의 행동특성에 초점을 둔다면, 인성은 그러한 역량을 발휘하는 데 근본이 되는 개인의 내적 특성이며, 일반적으로 개인의 성격·성품이라고도 할 수 있다.

인성이 무엇인가? 인성人性의 사전적 의미는 '사람의 성품性品', 즉 '사람의 성질性質과 품격品格'이며, 이를 좀 더 자세히 풀어서 설명하면, 성질은 마음의 바탕이고, 품격은 사람 됨됨이다. 인성이란 결국 '사람이 여러 가지 환경에 대하여 제각기 나름으로 반응하는 일관적인 행동의 구조와 역동의 특성'을 가리킨다.

인성은 성격이나 성품과 같은 의미로 해석되기도 하는데, 다른 말로 바꾸어 말하면 인격人格 또는 인품人品을 말한다. 그 사람의 인성이 좋다는 얘기는 결국 그 사람의 인품이 좋다는 것과 같다.

이것은 의식의 바탕인 지知, 정情, 의意를 조화롭게 발달시키는 마음, 올바른 자아실현을 위한 가치관, 사회적인 도덕적 삶을 추구하기 위한 도덕의식 등 세 가지로 구성되어 있다. 교과부에서 인성교육의 덕목으로 제시한 것은 '배려, 존중, 협력, 나눔, 질서, 효'이고, 부산광역시 교육청에서는 초·중·고 인성교육 10대 덕목으로 '존중, 질서, 협동, 예의, 자주, 책임, 끈기, 도전, 성실, 공정'을 제시하는 등 구체적인 인성 요소는 연구기관이나 학자에 따라 조금씩 다른 양상을 보이지만, 기본방향과 맥락은 같다.

● 면접에서 평가하는 대표적 인성 요소들

성과 Performance = 능력 Ability ± 태도 Attitude

성과란 개인이 보유한 전문 능력과 개인이 가지고 있는 태도가 결합되어 나타난다. 요즈음 기업들이 인재채용 시 태도 요인을 중요하게 여기는 경향이 있는데, 이는 결국 인성을 의미한다. 기업들은 능력뿐만 아니라 능력을 더 키워나갈 수 있는 열정과 근성, 어울려 일할 수 있는 책임감, 희생정신 등의 인성 요소를 중요한 요인으로 보고 면접에서 이를 집요하게 확인하려고 하기 때문이다.

경험에 의하면, 열정이 왕성한 사람과 그렇지 않은 사람 간의 성과 차이가 적게는 2~3배, 크게는 13배라고 한다. 능력이란 단기간에 향상되기보다는 천천히 축적되는 것이므로 현재 능력이 뛰어난 사람보다는 열정적인 사람을 뽑는 것이 조직 입장에서 성과 창출과 조직 발전에 훨씬 더 유리하다. 신입사원의 경우 업무수행에 필요한 능력의 수준이란 '오십보백보'라고 간주하고, 기업에서는 열정을 갖추고 태도가 모범적인 인적자원을 뽑고 싶어 하는 경향이 있다.

기업의 인재선발에서 흔히 인성이라고 하면, 대체적으로 다음의 세 가지 측면의 인성에 관심을 두고 있다.

[면접에서 중요하게 여기는 대표적 인성 요소]
- 윤리의식·정직성·투명성 측면의 인성
- 도전정신·적극성 측면의 인성
- 성실·책임감·희생정신·주인정신 측면의 인성

● **인성 요소에 대한 전반적 평가 포인트와 판단 잣대**

인성 파악을 위한 질문은 일반적으로 **직접적인 질문보다는 상황 질문 또는 경험 질문 형태로** 이루어진다. "당신은 정직합니까? 성실합니까?"라는 식의 질문 자체가 '예/아니오'로 답변하는 '닫힌 질문'이기 때문이다.

따라서 평가 포인트는 지원자가 답변하는 **행동사례의 적절성과 경중**을 판단하는 데 있다. 지원자가 경험한 사례라고 그럴듯하게 답변할 때, 그 사례가 대단치 않은 것인지, 대단히 우수한 사례인지를 판단해야 한다.

예를 들어, 도전과 열정에 대한 사례를 얘기해보라고 했더니, A 지원자는 "시험공부를 열심히 하여 ○○ 자격증을 취득하였을 때"라고 말하고, B 지원자는 "친구들과 공모전에 출품해서 입상했던 때"를 말한다면 각각의 경우에 지원자 스스로 얼마만큼의 노력을 했는지, 자발적 행동과 몰입의 정도가 어느 정도인지를 확인하는 후속 질문을 통해 반드시 그 사례의 진실을 검증해야 한다.

인성에 관한 답변을 들어보면, 대다수의 경우 열정을 불살라 버릴 정도로 남다르게 노력했다거나 면접관이 감동받을 정도의 뛰어난 경험 사례를 얘기하는 지원자는 찾아보기가 힘들다. 누구나 결심 가능하고 실행 가능한 평범한 사례들이 대부분이다. 이와 같이 경험 사례나 과거 행동의 질문에 대한 답변에 대해서는 답변자의 화술이나 언어 표현보다는 답변 내용의 적절성과 경중을 가리는 것이 일차적으로 중요하다.

그다음 **평가 포인트는 사실성이다.** 지원자 자신이 실제로 수행한 사례인지의 여부를 정확하게 파헤치는 후속 질문이 필요하다. 그리고 그러한 사례가 그 이후에도 계속 이루어지고 있는지 파악해보는 것이다. 이는 답변의 자세, 당당함과 세밀한 설명 등을 통해 판단할 수도 있고, 답변 내용 중에서 지원자 자신의 행동인지를 확인하는 질문을 통해서도 가능하다.

[표 2-3] 인성 질문의 평가 포인트와 판단 잣대

평가 포인트	판단 잣대
• 인성평가 요소 - 윤리의식(정직성) - 도전정신 - 성실(책임감)의 실체 여부	• 사례 스토리의 적절성/경중 - 답변 스토리가 해당 인성요소(평가요소)에 부합하는 사례인가 - 난이도가 높은 사례인가 - 자신의 역할 및 행동이 성과에 결정적인가(기여도) • 스토리의 사실성과 행동 품질 - 자신의 역할 및 행동이 맞는가(사실성) - 답변이 구체적인가(구체성, 사실성) - 자신의 역할 및 행동의 강도가 높은가(몰입도) - 그런 행동이 이후에도 계속 지속되는가(지속성)

● **인성 요소에 대한 면접에서의 유의사항 및 질문 요령**

인성 요소에 대한 질문에서 가장 조심해야 할 것은 답변의 진실성을 파악하는 데 있다. 따라서 반드시 후속 질문을 통해 지원자의 실제 행동이 인성 요소에 부합하는 행동인지, 그 행동의 품질이 뛰어난 수준인지를 파악하는 것이 중요하다. **최대한 지원자가 자신의 행동을 구체적으로, 사실적으로 답변할 수 있게 유도하는 질문 요령이 필요하다.** 일반적인 질문으로는 상식적이고 모범적인 답변만 들을 가능성이 높기 때문이다.

후속 질문을 할 때 다양한 질문 전략을 구사할 수 있는 평가요소가 인성에 대한 질문일 수 있다. 모범적이고 준비된 답변이 아닌 지원자의 실체를 드러내도록 하려면 단문단답의 질문이 아니라, 다양한 질

문을 해야 하고 이를 위해서는 사전에 준비하는 것이 바람직하다.

[인성에 대한 면접질문의 특성 및 대응 요령]

- 지원자가 모범적으로 답변할 가능성이 높은 질문일 경우
  - 상황면접, 경험면접의 방법으로 접근하라.
  - 대등한 수준의 대비 개념을 제시하여 선택의 갈등을 유발하는 질문도 구사할 수 있다.
  - 후속 질문을 통해 자기 행동의 사실성과 구체성을 확인하라.
  - 압박 질문, 연계 질문 등 질문 전략을 사전에 구상하라.

윤리의식, 정직, 투명성을 파악하기 위한 최고의 질문

● **윤리의식, 정직, 투명성을 파악하기 위한 최고의 질문**

> "오늘은 이번 달의 마지막 주 월요일인데, 부서 목표가 저조하자 팀장은 팀원들의 실적 달성을 계속 압박하고 있다. 팀장은 친·인척, 친구 등 개인적 인맥 등 비상수단을 써서라도 무조건 목표를 달성해야 한다고 강요하고 있다. 그러나 평소에도 주변 인맥들에게 회사 실적과 관련한 부탁을 계속 해왔기 때문에 난감한 실정이다. 당신은 어떻게 할 것인가요?"

● **활용 가능한 후속 질문**
- 당신이 그 상황에서 취할 수 있는 구체적인 행동을 설명해보

세요.
- 당신이 만약 상사의 입장이라면 그 상사처럼 지시하겠습니까? 아니면 다른 방법을 써서 직원들의 실적 달성을 독려하겠습니까? 당신이 취할 선택 행동을 사실적으로 말해보세요. 그렇게 접근해서 성과가 제대로 달성될 수 있겠습니까?
- 그런 상사가 우리 사회(회사)에 많다고 봅니까? 아니면 소수라고 봅니까?
- 실적 목표를 달성하기 위해 월말마다 임기응변하는 것이 아니라 좀 더 체계적인 방법이나 근본적인 해결책을 강구하기 위한 방안에 대해 팀 회의를 한다면 당신은 어떤 의견을 제시하겠습니까?

● **유사 질문**
- 약속한 사람이 약속시간에 늦는다면 어느 정도 기다리겠습니까? 그 이유는요?
- 부모님도 알고 있는 당신의 절친이 급한 일로 1,000만원을 빌려달라고 한다면, 어떻게 하겠습니까?
  - 그만한 돈이 없는데, 부모님을 설득해서라도 빌려줄 건가요?
  - 만약 100만원(10만원)이라면 어떻게 하겠습니까? 그 이유는요?
- 당신은 부모, 상사, 선배 등과 의견 차이가 있을 때가 가끔 있지 않나요. 주로 어떤 점에서 의견 차이가 있나요?
  - 견해 차이를 해결하기 위해 상대방을 주로 어떤 방식으로 설득하나요?
  - 시간이 지나보면, 주로 누구의 의견이 더 옳았나요?

- 상사가 부당한 지시를 할 때 당신은 어떻게 대응하였나요?
- 실적이 생각만큼 나오지 않아 스트레스가 발생할 경우 어떤 방식으로 접근하는 것이 좋은가요?

◆ **나만의 질문을 추가해봅시다**(윤리의식, 정직, 투명성)

[열정·도전정신을 파악하기 위한
최고의 질문]

● **열정·도전정신을 파악하기 위한 최고의 질문**

> "어떤 목표를 달성하기 위해 밤잠을 자지 않고 몰두할 정도로 전력투구했던 경험 사례가 있다면 얘기해보세요."

● **활용 가능한 후속 질문**

- 그 일이 그렇게 목숨 걸고 할 일이었나요? 그만한 가치가 있었나요? 그 이유는 무엇인가요?
- 전력투구했다는 것을 구체적 행동으로 설명해보세요. 어떤 노력들이었나요?
- 그 정도의 노력은 누구나 할 수 있는 정도의 행동 아닐까요? 남

들과 다른 차별적인 방법이 있었나요?
- 그런 노력을 통해 얻은 결과는 어땠나요?
- 그래서 얻은 교훈이 무엇이었나요?
- 그 당시 어떤 어려움은 없었나요. 어떻게 극복했나요?
- 당신은 주로 어떤 상황에서 열정이 나타나나요? 즐겁게 몰입할 수 있는 일이나 상황은 무엇인가요?

● 유사 질문
- 당신 주변의 많은 사람들이(또는 당신 스스로) 목표를 달성하기 어렵거나 일 자체를 추진하기도 힘들 것이라고 얘기했던 것을 성공적으로 추진했던 사례를 얘기해보세요.
- 인내와 끈기를 발휘했던 사례를 얘기해보세요.
- 인생에서 꼭 하고 싶은 목표가 있나요? 그것을 위해 어떤 준비를 해왔나요?
- 우리 회사에 입사하는 것 이외에 지금 가지고 있는 당신의 개인적 목표는 무엇입니까? 그것을 우리 회사에 입사해서 달성할 수 있나요. 만약 회사생활과 충돌된다면 어떻게 하겠습니까?
- 자신의 단점을 극복하기 위해 노력한 경험을 얘기해보세요.
- 시련 또는 위기상황이었다고 얘기할 수 있는 때가 있었나요. 그 때 어떻게 극복하였나요?
- 아프리카에서 모피를 팔거나 알래스카에서 냉장고를 팔아야 되는 상황입니다. 당신은 어떻게 접근할 건가요?
- 서울에서 부산까지 만원으로 갈 수 있는 방법은 무엇이 있을

까요?
- 일과 삶 또는 가정과 직장의 균형을 추구하는 것을 중요하게 여기는 세상입니다. 당신은 이에 대해 어떻게 생각합니까?
  - 개인시간(야간, 휴일 등)이 거의 없을 정도로 회사의 업무(일)량이 많고 힘들다면 어떻게 하겠습니까?(반전 질문)
- 당신은 차가 막힐 때 이면도로를 적극 활용합니까? 아니면 막히더라도 큰 도로를 중심으로 운행합니까? 그 이유는 무엇인가요?

◆ **나만의 질문을 추가해봅시다**(열정·도전정신)

성실성·책임감을 파악하기 위한 최고의 질문

● **성실성·책임감을 파악하기 위한 최고의 질문**

"당신 주변의 친구들은 모두 좋은 친구들이겠지만, 모든 점에서 똑같지는 않습니다. 만약 당신 주변에 있는 5명의 친구들을 '주어진 일을 책임지고 성실하게 수행하는 사람'이라는 각도에서 10점 만점의 점수를 준다면 어떻게 점수를 줄 건가요? 최고 점수를 준 친구와 가장 낮은 점수를 준 친구를 예로 들어 왜 그런 점수를 주었는지 구체적인 근거를 갖고 설명해보세요.

(~~지원자 답변 후) 그렇다면 반대로 당신은 몇 점 정도 될까요?

(~~지원자 답변 후) 당신 주변의 친구들도 당신을 과연 그렇게 평가할까요? 친구들이 당신을 성실하고 책임감이 뛰어난 사람이

라고 생각할 구체적 근거를 사례를 들어 얘기해보세요."

● **활용 가능한 후속 질문**
- 어떤 기준으로 친구들에 대한 점수에 차이를 부여하였나요?
- 당신이 예상한 본인에 대한 친구들의 점수에 확신이 있나요?
- 근거라고 언급한 조금 전의 그 사례를 조금 더 구체적으로 얘기해보세요.
- '당신이 성실하다'는 것을 알 수 있는 사실을 한 가지만 더 간단하게 얘기해보세요.

● **유사 질문**
- 모임에 일찍 도착하는 스타일인가요. 아니면 정각 또는 가끔 늦기도 하는가요? 몇 분 정도 일찍 도착하나요. 그 이유는 무엇인가요?
- 평소 시간관리를 어떤 방법으로 하나요? 자신만의 노하우가 있나요?
- 취업이 되면 급여를 받게 되는데, 부모님이나 가정에 어느 정도를 내놓을 건가요? 그 이유는 무엇인가요?
- 일정한 소득이 생기게 되면, 월 소득을 어떻게 관리해 나갈 건가요?
- '성실한 사람'은 어떤 사람인가요. 자신의 생각을 말해보세요. 그런 측면에서 당신이 자랑할 수 있는 경험이나 사례가 있나요?

- 당신이 만약 조직의 관리자가 된다면, 당신의 부하는 어떤 특징(강점)을 가진 사람이었으면 좋겠습니까? 그 이유는 무엇인가요?

◆ **나만의 질문을 추가해봅시다(성실성, 책임감)**

가치관 평가의 방향과 평가 포인트

지원자의 가치관을 파악하는 것도 채용면접에서 중요하게 다루어진다. 인성과 혼용되기도 하지만, 엄격하게는 다른 개념이다. 지원자가 어떤 가치관을 가지고 일상생활과 사회 및 조직생활을 해왔는지를 파악하면, 입사 이후의 생활 자세를 가늠할 수 있다.

● **가치관의 구분**(인재평가 장면)

가치관은 **개인의 일정한 신념과 생각**이다. 예를 들어 정치, 노동조합(노동운동), 학생운동 등의 사회·정치적 사안에 대한 개인의 생각만이 아니라(국가관, 정치관), 직장, 직업(일), 대인관계, 친구, 인생, 종교 등 모든 사안에 대한 개인의 일정한 생각을 의미한다. 가치관이 쉽게 바뀌는 것은 아니지만 태생적이거나 절대적인 것은 아니고, 주변의 영향을 받거나 다양한 학습과 자극을 통해 변하기도 한다.

가치관은 개인의 인생관, 직업관, 일하는 방식, 대인관계 가치관 등으로 나누어 접근할 수 있다. 대체로 기업에서 인재를 선발·면접할 때는 주로 일과 사람에 대한 개인의 생각을 확인하는 질문이 많다(물론 목적에 따라서 노동관, 정치관 등 정치·사회적 갈등 이슈에 대한 입장을 다루기도 한다).

[면접에서 주로 확인하는 가치관]

- 인생관
- 직업관
- 작업관(일하는 방식)
- 대인관계 가치관

● **가치관에 대한 평가 포인트와 판단 잣대**

가치관을 파악하기 위한 질문은 '선택형 열린 질문 optional open question'이 좋다. 서로 충돌 또는 대비되는 입장이나 이념을 제시하고 이에 대한 자신의 선택을 지원자에게 요구한다. 이때 제시되는 질문은 서로 대등해야 하며, 어려운 것이 아니라 지극히 상식적이고 일상적인 것이 좋다.

예를 들어, '친구를 두루 널리 사귀는 스타일인가, 소수의 친구를 집중적으로 사귀는 스타일인가', '문제를 해결할 때 논리적 분석과 철저한 진상조사에 비중을 두는가, 아니면 해결방안을 신속하게 결정하고 단호한 실행에 초점을 두는 스타일인가' 등이다. 이런 질문에 대해 지원자가 어떤 선택을, 왜 하였는지를 물어본 후, 그런 선택과 일관된 자신의 실천 사례를 물어보면 매우 우수한 가치관 면접질문이 된다.

이에 대한 평가 포인트는 **논리적 답변 여부**이다. 자신의 선택에 대해 어느 정도 일관되게 논리적으로 설명하느냐를 집중적으로 관찰하는 것이 중요하다. 얼마나 자연스럽게, 차분하게 자기 논리를 주장하는지를 살펴보면, 그 사람의 가치관을 파악하는 데 도움이 된다.

[표 2-4] 가치관 질문의 평가 포인트와 판단 잣대

평가 포인트	판단 잣대

가치관에 대한 자기주장의 방향성과 논리적 접근 여부	• 자기주장의 방향과 기대하는 방향과의 부합 여부
	  - 주장의 방향이 수용가능한가
	  - 주장하는 논리의 긍정적 영향 여부
	• 자기주장에의 확신이나 평소 생활의 모습
	  - 자기주장의 확신 정도, 신념의 실행 여부
	  - 자기주장의 내용과 평소 생활 자세와의 일치 여부
	  - 실제 경험 사례에서 나타나는 주장의 일관성 여부

● **가치관에 대한 면접에서의 유의사항 및 질문 요령**

지원자의 가치관이 조직생활이나 업무수행에서 차지하는 비중이 큰 경우에는 면접에서 가치관을 파악하는 질문이나 면접관의 판단 행위가 매우 중요해진다. 이때 면접관이 특정 가치관에 대한 선입관을 갖고 질문하거나 판단하는 것은 위험하다. 특히 면접관의 가치관 성향이 면접장면에서 노출되지 않도록 주의해야 한다. 지원자들이 솔직하게 자기의 가치관을 드러내도록 유도하는 것이 면접관의 능력이다.

[가치관 면접에서의 유의사항 및 질문 요령]

- 특정 가치관에 대해 면접관 개인의 선입관을 드러내지 않는다.
- 특정 가치관의 방향을 암시하는 질문을 하지 않는다.
  - 유사한 수준의 서로 충돌되는 가치관(쉽게 우열을 구분하기 어렵고, 실제로 비슷한 분포가 존재하는 가치관)을 제시하고, 선택하도록 질문한다(하나의 가치관은 주로 두 개 또는 세 개의 대립적 또는 독립적 신념 차원이 있다).
  - 선택형 열린 질문 후 반드시 **후속 질문**을 통해 신념의 일관성, 실행 정도를 파악한다.

인생관을 파악하기 위한 최고의 질문

● **인생관을 파악하기 위한 최고의 질문**

> "전공 분야 이외의 책 중에서 당신은 어떤 책을 좋아하나요? 당신의 관심 분야나 책은 어떤 것인가요?"

● **활용 가능한 후속 질문**

- 왜 이런 분야 책을 좋아하나요?
- 실제로 어느 정도로 그런 책을 읽나요. 일 년에 몇 권 정도 읽나요? (압박질문) 그 정도로 좋아하는 분야라고 할 수 있나요? 거의 읽지 않는 수준인데~~)
- 최근 사서 읽은 책은 무엇인가요? 간단히 핵심을 말해보세요.

- 책 이외에 좋아하는 것은 무엇인가요?

● 유사 질문
- 당신의 인생 포부나 꿈은 무엇인가요?
- 출세하고 싶은가요? 어떤 인생을 사는 것이 가장 원하는 모습인가요?
- 당신의 롤모델은 누구인가요?
- (성실, 도전, 정직, 경제적 부유, 주변의 인정, 종교 등 가치관 목록을 보여주면서) 당신이 인생에서 가장 중시하는 가치는 무엇인가요?(가치관 경매 게임식 질문)
  - 그 이유는 무엇인가요?
  - 유관 사례를 얘기해보세요.
- 학교생활과 사회생활의 가장 다른 점은 무엇이라고 생각하나요?
- 정도전과 이방원의 관점(신권 중심 vs 왕권 강화) 중에서 어느 하나를 당신이 선택한다면 무엇인가요?
- '개미와 베짱이'의 우화를 아시죠? 과거의 교훈은 개미 같은 삶이었는데, 요즈음은 베짱이처럼 살아야 한다는 얘기도 있습니다. 당신의 생각과 그 이유는 무엇인가요?
- 다음의 충돌 또는 대비되는 두 가지 가치관 중에서 당신은 어느 입장을 선호하는가요? 선택 이유는 무엇인가요?
  - 현재의 즐거움을 희생하더라도 미래를 위해서 준비하는 인생 vs 미래의 불확실성보다는 현재의 가치 창출과 향유에 충실한 인생

- 아는 것이 힘이다(지식 학습의 강조) vs 현장 경험이 최고이다(실행 능력의 강조)
- 타인 배려의 삶을 충실하게 사는 사람 vs 자기 성취의 삶에 충실한 사람

◆ **나만의 질문을 추가해봅시다(인생관)**

직업관을 파악하기 위한 최고의 질문

- **직업관을 파악하기 위한 최고의 질문**

"일과 가정의 양립이 불가능할 때 무엇을 선택하겠습니까?"

- **활용 가능한 후속 질문**
- 선택의 이유나 기준은 무엇인가요?
- 만약 일과 가정의 양립이 불가능할 정도로 실제로 거의 매일 야근을 해야 한다면, 당신은 어떻게 하겠습니까?(이 후속 질문에서 시작 질문과의 차이가 나는 답변을 할 때가 많음.)
- 이와 관련하여 당신이 직장생활에서 정말 중요하게 여기는 가치는 무엇인가요?

- 직장생활에서 가장 중요한 것은 무엇일까요?

● **유사 질문**

- 돈을 벌어주는 직장과 자녀와의 대화가 필요한 가정, 둘 중 어느 것에 비중을 두십니까? 하나를 선택한다면 무엇인가요?
- 당신은 무엇 때문에 일을 하려 합니까? 왜 취업을 하려 합니까? 일이 당신에게 갖는 의미는 무엇인가요?
- 'Work-holic'이란 말에 대한 당신의 의견을 말해보세요.
- 주말이나 저녁 늦게 일을 시키는 상사를 만난다면 당신은 어떻게 하겠습니까?
- 약속이 있는데 갑자기 회사에 일이 생기면 어떻게 하겠습니까?
- 희망하는 직종이 아닌 다른 부서로 배치된다면 어떻게 하겠습니까?
- 희망하는 직종이 ○○입니까? 그 이유는 무엇인가요?
- 상사의 의견과 자신의 의견이 맞지 않는다면 어떻게 하겠습니까?
- ○○부서에서 중요한 일은 무엇이라고 생각합니까?

◆ **나만의 질문을 추가해봅시다(직업관)**

작업관을 파악하기 위한 최고의 질문

● **작업관(일하는 방식, 자세)을 파악하기 위한 최고의 질문**

> "업무성과를 높이는 데 있어 당신이 가장 중요하게 생각하는 요인은 무엇입니까? 두 가지만 얘기해보세요."
>
> "(답변 후~~) 그렇게 중요하게 생각하는 핵심 성공요인을 잘 발휘해서 큰 성과를 이룩한 개인적 경험 사례를 말해보세요."

● **활용 가능한 후속 질문**

- 성과 달성에 있어 ○○요인을 중시하는 이유는 무엇인가요?
- 두 가지 요인 중에서 한 가지만 고른다면? 그 이유는 무엇인가요?

- 그런 점 때문에 최근 높은 성과를 냈거나 아니면 실패했던 경험을 얘기해보세요.
- 구체적으로 어떻게 행동하였나요? 당신이 실행했던 방법이나 행동을 구체적인 시간 순서로 얘기해보세요.
- 성과달성의 핵심 성공요인을 다르게 생각하는 상사와 함께 일한다면, 당신은 어떻게 하겠습니까?

● **유사 질문**

- 어떤 일을 추진할 때, 일에 대한 면밀한 사전 검토와 계획 수립을 중요하게 여기나요, 아니면 과감한 실행을 중요하게 여기나요? 그 이유는 무엇인가요? 당신의 관련 사례를 얘기해보세요.
- 어떤 사태·문제의 해결이 필요할 때, 당신은 철저한 진상 규명이 우선인가요, 아니면 신속한 상황해결이 우선인가요? 어느 쪽을 선호하나요? 예를 들어 설명해보세요.
- 해야 할 일이 많을 때, 당신은 주변 사람에게 도움을 요청하는 스타일인가요, 아니면 힘이 들더라도 당신 스스로 해결해내는 스타일인가요. 그 이유는 무엇인가요?
- 다음 중 당신은 어떤 업무스타일인가요? 그 이유는 무엇인가요?
  - 당신의 스타일은 지원하는 ○○직무에 더 잘 어울리나요, 아니면 다른 스타일에 더 잘 어울리나요. 왜 그렇지요?
  - 미팅, 대화, 토론 등 주변 사람과의 협력과 소통 중시 vs 묵묵히 혼자 일에 집중하는 것 중시
  - 세밀한 분석과 수치 중시(엑셀형) vs 일의 배경과 스토리 설명 중

시(워드형)
- 음악을 들으면서 공부 vs 잡음이 없는 조용한 곳에서의 공부
- 업무수행에 있어 원칙을 보다 중시 vs 업무수행에 있어 유연함을 보다 중시

◆ **나만의 질문을 추가해봅시다(작업관)**

대인관계 가치관을 파악하기 위한 최고의 질문

● **대인관계 가치관을 파악하기 위한 최고의 질문**

> "당신은 친구를 넓게 사귀는 스타일인가요, 아니면 깊게 사귀는 스타일인가요? 당신은 어떤 스타일인가요?"

● **활용 가능한 후속 질문**
- 어떤 스타일이 지원하는 ○○직무에 적합하다고 보나요? 왜 그렇지요?
- 그렇다면 당신 스타일의 단점을 어떻게 극복하겠습니까?
  - 실제 그런 단점을 극복하기 위해 어떤 노력을 해왔나요, 구체적인 실천방법과 효과를 말해보세요.

• 사람을 사귀는 두 가지 스타일의 장·단점을 간단하게 말해보세요.

● **유사 질문**
• 당신의 핸드폰에 저장되어 있는 전화번호는 몇 개인가요?
• 블로그나 개인 홈피를 운영하는가요? 혹시 1촌은 몇 명인가요, 방문객 수는요?
　- 블로그, 홈피 등을 어떻게 운영하나요? 어느 정도 주기로 내용물을 올리나요?
　- 당신이 SNS를 활용하는 원칙이나 철학은 무엇인가요?
　- 다른 사람이나 친구들의 SNS와 차이점은 무엇인가요? 당신이 독특하거나 자랑하는 SNS 사용법은 무엇인가요?
• 다음 중 당신은 어떤 대인관계 스타일입니까? 그 이유는 무엇인가요?
　- 당신의 스타일은 지원하는 ○○직무에 더 잘 어울리나요, 아니면 다른 스타일에 더 잘 어울리나요?
　- 일상대화에서 대화를 이끌어가는 스타일 vs 주로 경청하며 들어주는 스타일
　- 일(업무)을 통해서 관계를 맺은 사람(일이 아니면 쉽게 관계를 구축하지 못하는 사람) vs 취미·관심사 등 사회적 활동을 통해 관계를 구축해나가는 사람
　- SNS를 적극적으로 자주 활용 vs SNS는 최소한으로 이용
　- 직접 만나서 설명하는 대면 보고 vs 전자 결재
　- 필요한 정보·지혜를 주면서 상대방을 사귀는 사람 vs 재미·흥

미를 주는 사람
- 낯을 가리는 사람 vs 적극적으로 타인에게 다가가는 사람
- 주인공처럼 역할하기를 좋아하는 사람 vs 타인을 후원하고 도와주는 사람
- 친구와의 약속을 일부러라도 만든다. vs 특별한 이유가 없는 한 일부러 만들지는 않는다.

◆ **나만의 질문을 추가해봅시다**(대인관계 가치관)

05
단 하나의 질문_
직무역량

직무역량과 역량면접

최근의 가속화되는 경쟁 환경, 불확실한 환경에서 지원자의 역량 즉, 잠재 능력을 파악하는 역량면접이 채용면접의 대세이다. 대다수 기업에서 면접은 주로 2~3단계로 실시하는데, 흔히 경영진 면접을 인성면접, 실무 관리자 면접을 아예 역량면접으로 부르기도 한다. 역량면접에서 주로 적용하는 면접기법은 경험면접[PBI]과 발표, 토론 등의 역할면접이다.

● **직무역량의 중요성**

'경력사원 같은 신입사원!'

스펙보다는 능력 중심의 채용을 강조하는 표현인데, 최근 공기업이나 대기업의 인사팀장 사이에 자주 회자되는 말이다. 스펙이 화려한 사람을 일단 뽑은 뒤 맡길 업무는 입사 후에 생각해왔던 기업들이, 이제는 '직무 중심'의 채용 형태로 바뀌고 있다. 직무 중심 채용을 확대하면서, 기존 공채에서 적용해왔던 입사지원서와 면접방식을 크게 바꾸고 있다. 출신학교, 자격증, 개인 신상, 영어점수 등을 중점으로 보던 기존 입사지원서를 폐기하고, '역량 중심의 입사지원서'를 채택하여 직무 관련 경험과 활동 중심으로 기술하도록 하고 있다. 그리고 이를 근거로 업무 능력을 평가하는데, 면접도 신상이나 스펙 중심의 단순 질의응답에서 벗어나 '역량면접'(경험면접 및 상황면접)이 확대되는 추세이다. 즉 직무를 성공적으로 수행할 수 있는 가능성을 판단하는 데 초점을 맞추고 있다.

한 구직 사이트가 기업 인사담당자를 대상으로 채용에서의 직무적합성 평가기준과 관련 설문조사한 자료를 공개한 바 있다. 이 자료에서 직무역량을 평가하는 가장 중요한 기준으로 '실무 수행 면접점수'(30.4%)가 1위에 올랐다고 한다. 그다음으로는 '프로젝트 수행 경험'(18.5%)이었으며, 이어서 '관련 자격증 보유'(15.5%), '아르바이트 등 관련 경험'(10.9%), '전공(복수전공 포함)'(10.6%), '인턴 경험'(5.3%), '인적성 검사 점수'(3.3%) 등의 순서였다.

이처럼 실무 수행 면접 점수와 유사 직무수행 경험을 중요시하는 이유는 바로 실전 업무에 투입되었을 때 일정한 성과를 내기 위한 기본적인 자질과 경험을 필요로 하기 때문이다. 이어서 직무적합성 평가를 위해 사용하는 면접질문은 '업무 내용 이해 수준'(54.1%)에 관한 질문을 가장 많이 하는 것으로 나타났다. 이어 '직무에 대한 관심 수준'(40.9%), '직무 관련 역량 발휘 경험'(38%), '전공 등 지식수준'(32.7%),

'기업체 인턴 등 직무수행 경험'(25.4%), '직무 관련 개인 비전 및 포부'(25.1%) 등을 묻는 것으로 조사되었다.

[그림 2-1] 구직자 평가기준

구직자 직무역량 평가 때 중요한 기준	
실무 수행 면접 점수	30.4%
프로젝트 수행 경험	18.5%
관련 자격증 보유	15.5%
아르바이트 등 관련 경험	10.9%
전공(복수전공 포함)	10.6%
인턴 경험	5.3%
인적성 검사 점수	3.3%

※ 기업 인사담당자 303명 대상 설문조사   자료 : 사람인

● **역량의 개념**

역량은 최근에 인재선발 및 인재개발 분야에서 새롭게 부각된 개념이다. 역량의 의미에 대해서는 학자나 기관마다 다르다. 가장 일반적인 개념은 맥클리랜드, 스펜서 등 조직심리학자들이 주장하는 것인데, 높은 성과에 직결되어 있는 개인의 내적 특성이라는 접근의 정의이다. 이러한 접근에서는 내적 특성이 나타나는 행동에 초점을 두고 개인의 역량을 평가한다. 이와는 달리 직무수행의 핵심적 필요 능력이 역량이라는 입장이 있다. 이러한 접근에서는 직무수행의 핵심이 되는 지식, 스킬, 태도 등이 무엇인가를 찾아내서 이를 평가하는 데 초점을 둔다.

역량의 의미는 쉬우면서도 이와 같이 심리학이나 교육학에서 서로

접근하는 관점의 차이가 있다. 일상생활에서는 인성, 가치관의 의미와 일부 중복되는 개념이기도 하다. 분야별 전문 역량은 구체적인 지식과 스킬로 파악하고, 어느 직무에서나 필요한 일반적 인지 능력, 감성 능력, 자질 등은 주로 행동특성으로 파악하게 된다.

일반적 역량을 크게 몇 개의 카테고리로 나누어볼 수 있는데, 다음의 카테고리 4개로 역량을 분류해보았다.

[그림 2-2] 카테고리 4개로 구분하는 역량 분류

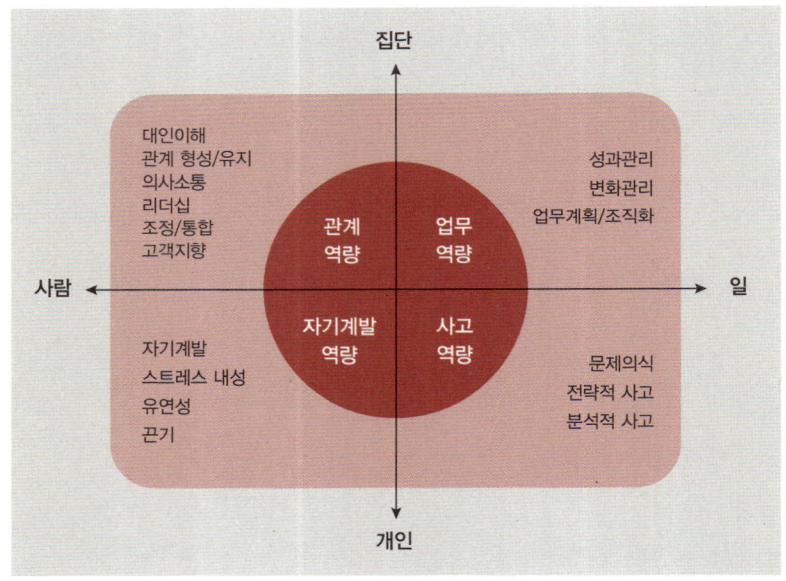

역량면접의 방향과 평가 포인트

최근 채용면접의 대세는 역량면접이다. 역량면접은 주로 경험면접이나 발표, 토론 등의 역할면접으로 이루어진다. 문제는 이런 방식에 면접관이나 지원자들 모두 익숙하다는 점이다. 그렇다면 과연 어떻게 역량 수준을 정확하게 판단할 수 있을까? 역량면접의 평가 포인트와 판단 잣대를 어디에 두어야 할까?

● **역량면접의 방향**

단순한 질문중심 면접에서 벗어난 역량면접이란 무엇이고, 어떤 질문을 하는 것이 최고의 역량 보유자를 판단하는 데 도움이 될까?

역량면접은 업무상 일어날 수 있는 가상 상황에 대한 대응 행동, 과거의 업무 경험 등을 물어 지원자의 역량을 객관적·체계적으로 파악하는 면접방식이다. 이를 위해 각각의 직무 파트에서 성공적으로 성과를 내고 있는 기존 사원을 찾아내어 그를 역할모델Role Model로 삼아 이들이 보여주는 행동특성을 파악하고, 이를 근거로 면접에서의 평가기준을 설정한다. 기준이 되는 사람 자체가 이미 성과를 많이 냈던 사람이어서 이 기준에 따라 인재를 뽑아 집중 투자하는 것이 일 잘하는 사람을 선발하는 데 가장 합리적이라는 설명이다.

직무역량을 확인하는 면접에서 사용하는 평가기준은 주로 직무 전문 영역과 인지사고 영역을 중심으로 크게 구분된다. 직무 전문 영역에서는 마케팅, 컴퓨터 프로그래밍, 생산관리 등 특정 직무를 수행하는 데 있어 필요한 전공 관련 지식이나 기술을 수행 능력 중심으로 판단한다. 즉 업무수행상의 실무 능력에 초점을 맞춘다. 그리고 인지사고 영역에서는 논리력, 창의력 등의 사고하는 방식, 어떤 사물이나 현상을 인지하고 판단하는 능력을 포괄하는데 주로 의사소통 능력, 문제해결 능력, 대인관계 능력들이 이에 해당된다.

보통 이러한 직무역량을 평가하기 위해서 면접방식을 구조화화여 진행하는데 그 면접구조는 기업에 따라 다양하다. 그러나 역량의 기본 골격인 사고력이나 인지 능력의 요소에 해당하는 것은 다수 기업에서 공통적으로 적용하고 있다. 따라서 본 직무역량 편에서는 직무전문성에 대한 질문을 다루기보다는 공통적으로 적용되는 인지사고 능력 영역에 해당하는 직무역량에 초점을 두고 보유 수준, 잠재성, 일하는 태도 등을 어떻게 확인할 수에 있는가에 대한 면접질문을 중심으로 다루도록 하겠다.

● 역량면접에서의 평가 포인트와 판단 잣대

역량에 대한 평가에서의 핵심은 역량(지원자의 행동특성)이 기준(역량에서의 행동지표)에 부합하는 것인지, 그 발휘 수준이 충분한지에 대한 판단을 통해 기대하는 역량에서의 잠재 능력을 정확하게 판단하는 데 있다. 즉 역량은 행동특성으로 나타나는 것이기 때문에, 역량수준에 대한 평가라는 것은 지원자의 행동특성 성격과 발휘 속성(강도, 빈도, 타이밍, 스타일 등)으로의 측정을 의미한다. 뛰어난 지원자는 기대하는 행동특성을 실제로 발휘하는 사람이고, 이런 행동을 발휘하는 사람은 미래에도 같은 모습의 행동을 발휘할 것이라고 가정할 수 있다.

[표 2-5] 역량질문에서의 평가 포인트와 판단 잣대

평가 포인트	판단 잣대

역량의 행동특성 보유 및 발휘 정도	• 답변 스토리의 적절성
	  - 답변하는 내용에서 관련 행동특성이 드러나는가?
	  - 자신의 행동이 충분하게 발휘되었는가?
	• 행동의 양과 질
	  - 경험 사례의 상황이 예외적인가, 보편적인가?
	  - 경험 사례에서의 행동 수준이 우수한가, 평범한가?
	  - 반복적으로 관련 행동이 반복되었는가?
	  - 행동이 지속적으로 유지되었는가?
	• 답변 스토리의 진실성
	  - 답변이 구체적인가?
	  - 자신의 실천 노력이 실제 가능한 정도

과거에 뛰어난 행동특성을 보인 사람은 미래에도 동일한 행동특성을 반복적으로 발휘할 수 있다고 예상할 수 있다. 예를 들어, 업무 기획을 체계적으로 잘 수행한 경험이 있거나 복잡하게 얽혀 있는 문제를

신속하게 해결한 경험이 있으면, 앞으로도 그런 특성이 발휘될 것이라고 판단하는 것이 누구나 수용하게 되는 평가의 원칙이기 때문이다.

역량면접은 주로 경험면접 형태로 진행된다. 즉 문제해결 능력이나 협동 능력을 파악하기 위해서는 과거 그러한 능력을 발휘했던 경험 사례를 통해 구체적으로 질문할 때 지원자의 실제 역량수준을 보다 정확하게 파악할 수 있다. 그런데 이런 질문 방식에 대응하여 지원자들은 많은 준비를 하기 때문에, 면접관이 단순하게 경험면접의 질문을 하면 오히려 우수한 사람을 뽑는 데 실패할 가능성이 높다.

경험면접에서 면접관의 질문과 판단 능력이 중요한 이유가 여기에 있다. 역량면접에서 지원자의 과장, 거짓 답변을 분별하고 지원자의 실질 능력에 접근하기 위해서는 반드시 후속 질문을 효과적으로 할 수 있어야 한다. 지원자가 답변하는 경험 사례가 얼마나 평가기준에 부합하는지, 난이도는 어느 정도인지, 지원자의 개입이나 행동 품질이 어느 정도인지를 확인하는 후속 질문이 있어야 하고, 경험 사례의 일관성, 반복성에 대한 확인 질문도 있어야 한다. 역량면접에서 면접관 훈련이 중요한 이유가 여기에 있다.

[역량질문의 특성 및 질문 요령]

- 경험 사례를 질문할 것이라는 것을 지원자도 잘 알고 있다.
- 경험 사례의 옥석(부합 정도, 경중, 난이도)을 식별하는 데 집중하라.
- 반드시 **후속 질문**을 통해 일관성과 사실성, 구체성을 확인하라.
- 역량 행동의 긍정적 행동, 부정적 행동을 구분하라.

직무역량을 확인하는 최고의 질문

- **최고의 질문 ①** : 사고 역량[문제해결, 전략적 사고, 창의력 등]

> "최근 우리나라의 출산율은 세계에서 가장 낮은 수준입니다. 출산율을 높이려면 어떻게 해야 할까요?"
>
> "당신이 어떤 문제를 창의적으로 접근하여 해결했던 경험을 얘기해보세요."

- **활용 가능한 후속 질문**
- 우리나라의 출산율이 낮은 이유는 무엇인가요?
- 가장 결정적인 원인은 무엇인지, 그 이유는 무엇인가요?
- 당신이 주장하는 그러한 대책으로 출산율을 높일 수 있겠는지,

어느 정도의 효과가 있을 것이라고 생각하는지, 그 이유는 무엇인가요?
- 이미 많은 지자체에서 채택한 정책인데, 더 좋은 대책은 없는가요?
- 기존의 대책들이 효과를 보지 못하는 이유는 무엇이라고 생각하나요?
- 당신이 제시한 대책을 실행할 가장 큰 걸림돌은 무엇인가요? 어떻게 극복할 수 있는지요?
- 그 정도의 아이디어가 창의적인가요?
- 그 아이디어를 어떻게 생각해냈나요?
- 그 당시 효과는 어느 정도였나요?
- 방금 답변한 사례 이후에도 그런 접근이나 방식을 꾸준히 적용하고 있는가요?

● **유사 질문**
- 우리나라의 최근 고용문제 특히 청년실업은 심각한 수준이다. 당신도 그런 고용문제의 당사자이다. 우리나라의 청년 고용률을 높이기 위한 가장 효과적인 대책은 무엇이 있을까요?
- 최근 몇 달 내내 우리 지점의 목표 달성이 전 지점 중에서 하위권에 머물러 있다. 신입사원인 당신에게 지점의 경영실적을 상위권으로 올리기 위한 대책을 신입사원 입장에서 만들어보라는 업무 지시가 있었다면, 당신은 어떻게 접근하겠습니까?

● **최고의 질문 ②** : 관계 역량[대인관계, 협상, 고객지향, 의사소통, 리더십 등]

> "오늘 저녁은 당신의 여자(남자) 친구와 만난 지 1년이 되는 날이어서 오래 전부터 특정 장소를 예약하고 축하 파티를 하기로 했습니다. 그런데 팀장이 아침회의 때 '상무님이 오늘 우리 부서와 저녁회식을 하겠다'고 했다면서 팀원 5명이 모두 참석해야 한다고 합니다. 당신은 어떻게 할 것인가요?"

● **활용 가능한 후속 질문**
- 그렇게 결정한 가장 큰 이유는 무엇인가요?
- 당신이 결정한 방식을 따를 때 가장 큰 걸림돌은 무엇인가요? 어떻게 극복할 수 있을까요?
- 팀장 등 관계자들에 대한 설득방법은 있는가요?
- 이해관계자들과 갈등을 최소화하는 데 중요한 것은 무엇인가요?
- 만일 선약을 파기한다면 당사자에게 이해는 어떻게 구할 건가요?
- 이와 유사한 경험이 있었는지 있었다면 어떻게 해결했으며 결과는 어떠했나요?

● **유사 질문**
- 당신의 리더십 스타일은 어떻습니까?
- 지금까지 일하면서 겪었던 최고·최악의 상사에 대해 이야기해주십시오.

- 친구 혹은 동료들의 입장과 상황을 배려해 행동했던 경험에 대해 말해주세요.
- 최근 동료 혹은 조직 내, 동료들의 부탁을 적극적으로 도와줌으로써 좋은 결과를 얻을 수 있었던 경험이 있으면 말해주세요.
- 동료 또는 친구의 의견을 적극적으로 듣고 수용하여, 관계인들로부터 긍정적인 피드백을 받은 경험이 있나요?
- 상대방이 요청하지 않은 상태에서 먼저 알아서 처리해준 경험이 있나요?
- 대인관계 때문에 고민했던 경험이 있으면 말해주세요.(유도형 열린 질문)
  - 전혀 고민한 적이 없다는 건가요. 그럴 수가 있나요?(압박질문)

● **최고의 질문 ③** : 조직·업무 역량[성과관리, 변화관리]

> "당신에게 기존 업무 이외에 1개월 안에 상당히 도전적인 목표를 달성해야 하는 추가적인 과제가 부여되었습니다. 이를 달성하기 위해 어떤 방식으로 일을 하겠습니까? 기본적인 접근방법은 무엇인가요?"

● **활용 가능한 후속 질문**
- 이와 유사한 경험이 있나요. 있다면 구체적으로 당시의 상황과 행동 결과에 대하여 말해주세요.
- 위 상황에서 자신이 가장 중요하게 여기는 행동기준은 무엇인

가요?
- 조직에서 목표 달성은 어떤 의미가 있는가요?
- 조직과 개인의 이익이 충돌할 때, 본인의 판단기준은 무엇인가요?
- 본인이 주도적으로 특정한 일이나 프로젝트를 수행한다면, 여러 개의 일이 있을 때 일처리의 우선순위를 어디에 두겠는가. 그 이유는 무엇인가요? 실제로 그렇게 해왔는지, 증명할 수 있는 사례를 얘기해보세요.

● **유사 질문**

- 당신 주변의 많은 사람들이(또는 당신 스스로) 목표를 달성하기 어렵거나, 일 자체를 추진하기도 힘들 것이라고 얘기했던 것을 성공적으로 추진했던 사례를 얘기해보세요.
- 당신은 스마트폰을 얼마 만에 교체하는가요?"
- 당신은 얼리 어댑터 early adopter 입니까? 아니면 슬로 스타터 slow starter 입니까?
- 당신은 어떤 장소에 갈 때 이면도로를 자주 이용합니까? 아니면 큰 도로 중심으로 운행합니까?
- 음식 선정, 장소 선정, 경로 선정 등 일상생활에서 새로운 것을 좋아합니까? 아니면 익숙한 것을 좋아합니까?
- 회사가 경영혁신 차원에서 강도 높은 원가절감 또는 생산성 향상 활동을 추진한다. 팀원들은 이런 회사의 결정에 반발하는 분위기이다. 당신이 팀장이라면, 팀원들에게 어떻게 설명하겠습니까?

- 교육감이 바뀌면서 자사고에 대한 정책이 장려에서 억제하는 방향으로 바뀌었다. 당신이 교육청직원이라면 어떻게 하겠습니까? 바뀐 정책은 당신의 개인 가치관과도 다르다.
- 우리 회사가 지향하는 조직문화는 어떤 것이라 생각하나요? 또한 그런 문화를 만들기 위해서 노력할 것은 무엇이라 생각하나요?

● **최고의 질문 ④** : 자기관리 역량[자기계발, 유연성, 끈기, 스트레스 내성]

> "남에게 자랑할 수 있을 정도로 꾸준히 실천해온 자기관리 비법이나 방법이 있다면 말해보세요."
> "최근에 읽은 책은 무엇입니까?"

● **활용 가능한 후속 질문**
- 자기관리를 하는 이유는 무엇인가요?
- 꾸준히 실천해온 자기관리 노력이 자신과 조직에 어떤 의미가 있나요?
- 자기계발을 하는 영역은 주로 어디인가요?
- 실천해온 자기관리 활동 중에서 가장 오래된 활동과 기간은 얼마나 되었나요?
- 최근에 읽은 책을 통해 변화된 행동이 있다면 무엇이며, 그 이유는 무엇인가요?

- **유사 질문**
  - 심한 스트레스 상황이나 압박을 받고 있음에도 불구하고 타인에게 부정적 영향이나 감정을 드러내지 않고 행동한 사례가 있는가요?
  - 자신만이 가지고 있는 스트레스 해소법은 무엇인가요?
  - 자신의 실수에 대한 다른 사람의 지적을 편하게 수용할 수 있는가요?
  - 우리 회사에 입사하면 어떤 성장 계획을 가지고 있는지 그것에 대해 말해주세요.
  - 어떤 조직이나 단체에 들어가서 그 조직에 빨리 적응하기 위해서 했던 노력이나 행동에 대해 말해주세요.

◆ **나만의 질문을 추가해봅시다**

06
단 하나의 질문_
기타

개인의 강약점을 파악하는 최고의 질문

채용면접에서(특히, 대기업에서)는 인재상 같은 특정의 인재선발 기준을 갖고 지원자를 평가하게 되지만, 사실 그러한 구체적인 평가기준이 정립되어 있지 않더라도 면접에서는 개인의 강약점, 인성, 능력 등을 파악하기 위한 포괄적이고 일반적인 질문은 항상 있게 마련이다.

● **개인의 강약점을 파악하는 최고의 질문**

> "당신의 강점과 약점은 무엇입니까?"
> "○○씨, 자기 자신에 대한 이야기를 좀 들려주실래요?"
> "평소 가장 흥미를 느끼고 관심을 두는 분야는 무엇입니까?"

● 평가 포인트와 판단 잣대

지금까지 소개한 인성과 역량의 여러 평가요소 중 특정 평가요소를 사전에 미리 명확하게 정하지 않고, 면접에 참여하는 경우를 자주 본다. 특히 규모가 작은 기업의 CEO들에게서 자주 나타난다. 상식적 수준의 평범한 질문이지만, 열린 질문의 형태를 띠고 있기 때문에, 후속 질문을 어떻게 하느냐에 따라 매우 좋은 면접질문이 될 수 있다.

이런 일반적 질문에서의 평가방향은 특정 평가기준에 초점을 두기보다는 사회적 통념이 평가기준이 되며, 구체적인 판단 잣대도 어느 정도 공감대가 형성되어 있다. 따라서 평가 포인트는 기대하는 방향이나 기준에 어느 정도로 부합하느냐의 여부와 답변의 진실성에 달려 있다.

대체로 대인관계 등의 사회성과 성실, 책임 등의 자기관리 자세 등을 주로 판단한다. 능력 측면에서는 잠재성, 미래 발전 가능성에 비중을 두고 평가하고, 자신감이나 면접 자세 등 일반적 평가요소에서 기대치에 부합하느냐의 여부를 중요하게 여긴다.

[표 2-6] 질문에서의 평가 포인트와 판단 잣대

평가 포인트	판단 잣대
성격의 강약점 발전가능성	• 답변 스토리의 기대치 부합 정도 　- 일반적 평가요소(능력, 인성 등)에서 기대 수준에 부합하는가? 　- 성격의 단점이 걸림돌이 되지 않을까(임계치 이상) • 능력(전문성) 측면 　- 업무수행에 필요한 능력을 갖추고 있는가? 　- 발전 가능성이 있는가? 　- 장점이 지원 분야의 직무특성에 적합한가? • 태도 　- 자신감이 있고 성실한가? 　- 조직 적응에 문제가 없는가?

● **활용 가능한 후속 질문**

- 자신의 약점이나 단점을 극복하기 위해서 노력하고 있는 것은 무엇인가요?
- 지원직무 분야가 자신의 강점과 어떤 관련이 있는가요?
- 이런 직무는 어떤 성격이나 행동특성을 가진 사람에게 유리한가요?
- 대학생활 중 호기심을 갖고 몰두한 일은 무엇인가요?
- 학생시절에는 무엇에 열중했나요? 그 이유는 무엇인가요?
  - 어떤 방식으로 당신의 열정을 이 분야에 투자했나요?
- 학창시절 전공 외에 특별히 관심을 가졌던 분야는? 그 이유는 무엇인가요?

● **유사 질문**

- 다른 사람들이 나를 어떤 사람으로 보고 있다고 생각하나요?
- 가장 자신 있는 운동은 무엇입니까? 그 운동의 어떤 요소가 자신과 잘 맞는다고 생각하나요?
- 당신은 어떤 개성이 있다고 생각합니까? 특기가 있습니까?
- 본인의 특기를 살려 성취해낸 일은 무엇인가요? 있다면 자신의 어떤 면이 성공요소로 작용했다고 생각하나요?
- 본인에 대한 자랑을 1분 동안 해보십시오.
- 어려운 일이 생겼을 경우 누구와 상의하나요?
- 본인의 성격은 스스로 어떻다고 생각하나요?
- 주위 사람들의 자신에 대한 평판은 어떻다고 생각하나요? 100점

만점에 몇점?
- 본인의 현재 성격을 형성하게 된 결정적인 인물이 있습니까?
- 이 회사에서 당신은 어디까지 갈 수 있다고 생각하나요? 그 이유는 무엇인가요?

◆ **나만의 질문을 추가해봅시다**

CEO의 18번 면접질문

조직의 CEO나 채용면접을 오랫동안 해본 사람들은 자신만의 인재를 보는 철학이 있고 이와 함께 면접에서 항상 던지는 질문들이 있다. 필자는 이것을 채용면접에서의 '18번 질문' 또는 '필살기 질문'이라고 부른다. CEO나 관리자들은 자주 면접을 하게 되기 때문에, 자신만의 인재 식별 노하우가 중요하다. 이런 노하우는 일정한 질문을 자주 적용하는 데서 얻어진다. 지원자의 답변 데이터베이스가 쌓이게 되면서 아주 정교한 판단 잣대가 형성되기 때문이다. 채용면접에 자주 참여하는 사람이라면, 자신만의 이런 질문이 필요하지 않을까?

● **18번 질문의 필요성**

만일 미국 전기차 업체인 테슬라에 지원하여 면접을 볼 기회를 잡았다면 일론 머스크 테슬라 CEO의 다음 질문에 대한 답을 반드시 준비해야 한다.

"당신 인생에 대한 이야기를 하고, 살면서 어떤 결정을 했는지, 또 왜 그런 결정을 했는지 내게 말해주십시오. 그리고 당신이 맞닥뜨렸던 가장 어려웠던 문제는 무엇이고, 그것을 어떻게 해결했는지도 말해주십시오."

머스크 CEO는 이 질문이 매우 중요하다고 강조하고 그가 면접자로부터 파악하고자 하는 것이 무엇인지 사람들에게 말했다. "진짜로 문제를 해결한 사람들은 어떻게 문제를 해결했는지 세세한 부분까지 정확히 알고 있다. 그러나 하지도 않았으면서 그런 척하는 사람들은 한 단계만 더 자세히 물어보면 참인지 거짓인지 바로 알 수 있다."

이런 질문을 통해 머스크 CEO는 지원자의 진실성과 문제해결력, 문제해결 과정에서의 일하는 태도나 관점을 파악하는 데 초점을 두고 있다. 이 면접질문은 머스크가 애용하는 질문으로서 사람을 판단하는 자신만의 고유 기준이나 철학이 명확하다는 것을 알 수 있는 대목이다.

이처럼 기업의 CEO나 임원들은 오랫동안 사람을 만나고 관리하고 인재를 발굴하고 평가하는 일을 해온 사람들이다. 이들의 경우에 인재를 보는 시각이나 관점이 명확하게 서있거나 자신만의 노하우를 가진 사람들이 많다. 나는 CEO, 임원, 면접관들에게 "당신이 인재를 뽑을 때 반드시 평가하는 요소가 있느냐?", "어떤 점에 주목하느냐?", "자주 사용하는 질문 같은 것이 있느냐"라는 질문을 던진다. 그리고 그런 것이 없다면 "그런 것을 준비하십시오"라고 권고한다.

좋은 직원을 채용하기 위한 세계적 CEO나 유명 인사의 필살기 면접질문을 소개한다.

● **18번 질문 : 지원동기**

> "만약 취직해서 1년 후 큰 성과를 이루게 되고 우리가 함께 축하하는 자리에 있다고 생각해보세요. 당신은 지난 1년 동안 무엇을 성취했을 것 같나요?"
>
> — 랜디 가루티

미국 햄버거 브랜드 '쉐이크쉑 Shake Shack' 회장 랜디 가루티 Randy Garutti가 자주 사용하는 질문이다. 그는 "이 질문을 통해 지원자가 회사에 대해 얼마나 조사했는지를 알 수 있으며, 또한 지원자가 진심으로 이 일을 원하는지 아닌지도 파악할 수 있다"고 한다.

즉 어떤 생각을 갖고 회사생활을 할 것인가, 회사에 대한 기대와 자신이 회사에 기여할 수 있는 것은 무엇인지를 확인하는 질문이다. 지원한 회사에 대한 충성도와 함께 미래에 대한 통찰력이나 전략적 사고 능력까지 동시에 평가할 수 있다.

이와 같은 질문을 받았을 때 지원자는 지난해 했을 법한 일을 단순히 나열해서는 안 된다. 회사의 미래를 장기적인 관점으로 보고 전략을 세워 추진했는지를 보여줘야 한다.

> "○○씨, 당신에 대한 얘기 좀 해보시죠?"
>
> — 리차드 푸네스, 핀 파트너스 경영 임원

이 질문은 국내 기업의 면접장에서도 자주 듣는 질문으로 지원자의 성격만이 아니라 상상력, 창의력도 엿볼 수 있는 질문이다. 이 질문

엔 정답이 없으니 어떤 답변이라도 가능하다. 하지만 이 질문은 '스토리'를 잘 표현하느냐 그렇지 못하느냐는 시험이다.

요즘은 회사의 상품이든 자기 자신이든 브랜드로 만들어 파는 시대다. 이 질문을 통해 자신의 이야기를 전달할 수 있는지와 새로운 브랜드 가치를 만들어낼 수 있는지를 파악할 수 있다. 또한 이 질문을 했을 때 지원자가 면접관을 어떻게 쳐다보는지도 중요하다. 만약 지원자가 방어적이거나 아예 답변을 안 하면 질문을 직설적으로만 받아들인다는 뜻이다. 회사는 여러 가지 상황과 질문을 넓게 생각하고 받아들일 수 있는 사람을 필요로 한다.

● **18번 질문 : 인성과 가치관**

많은 CEO와 임원들이 관심을 갖는 요소는 지원자의 인성이나 가치관이며, 실제로 이를 파악하기 위한 질문을 자주 구사한다. 이는 지원자가 어떤 생각을 갖고 사회 및 조직생활을 하는지를 확인하기 위한 것이다.

> "한 단어로 자신을 표현한다면요?"
> – 'YWCA' CEO 다라 리차드슨-헤론 Dara Richardson-Heron

이 질문은 우리나라 면접에서도 자주 나오는 질문인데, "당신의 별명이 무엇이냐?", "주변에서 당신을 어떤 사람이라고 얘기하느냐?" 등과 유사한 질문이다. 자신의 특성이나 차별점 등을 함축적으로 얼마나 잘 표현하는지를 판단하기 위함이다.

그런데 리차드슨의 질문 의도는 우리와 살짝 다르다. 그는 사람을 한 단어로 판단하는 것은 경계한다며, 지원자들이 어떻게 자신을 포장하는지를 보기 위해서 하는 질문이라고 했다. 아울러 질문에 바로 답변하기보다는, 질문에 대해 숙고하고, 천천히 답하는 모습을 더 선호한다는 것이다. 신속한 답변은 오히려 진실성에 의심을 갖게 되고 준비한 흔적을 느낀다고 한다. 공감 가는 일리 있는 말이다.

> "당신이 열정을 가진 새로운 것은 무엇인가요?"
> "업무(일)와 관련해 당신을 놀라게 한 것은 무엇인가요?"
> – 에릭 슈미트 구글CEO

통찰력과 열정, 그리고 헌신 정도를 가늠해볼 수 있어 창의력을 갖춘 인재를 가려내는 데 도움이 되는 질문이다. 또한 일을 통해 놀라운 경험 유무를 묻는 것은 열심히 노력한 사람만이 성취감을 느낄 수 있다는 것이 그 이유다.

> "살면서 가장 만족스러웠던 때는 언제인가요?"
> – 딕 크로스, 크로스 파트너십 회장

인성 차원의 긍정적인 사고와 조직에 대한 가치를 판단하는 질문이다. 지원자 대부분이 어느 정도 업무 능력과 자질을 가지고 있다는 전제하에 긍정적인 태도나 조직부합도가 높은 직원이라면 조직에 더 잘 적응하고 높은 성과도 낼 것이라 보는 관점에서 던지는 질문이다.

그리고 이런 질문을 하면 대체로 다른 주제와 연결하여 후속 질문이나 심층 질문의 활용이 편리하다. 지원자가 회사와 잘 맞을지, 좋은 결과를 가져올 수 있는 사람인지도 구별하는 데 도움이 되는 질문이다.

> "당신의 롤모델role model은 누구이며 이유는 무엇인가요?"
> – 클라라 쉬이, 히얼세이 소셜 회장

지원자의 가치관이나 비전, 조직적합도 등을 파악하기 위한 질문으로 활용된다. 이 질문에 답변한 롤모델의 특성을 들어 지원자가 현재까지의 성장과 발전을 어떤 식으로 생각하는지 알 수 있다. 더불어 지원자의 성공과 포부도 짐작해볼 수 있다.

이 질문은 매우 상식적인 질문이기 때문에 지원자들이 많은 준비를 한다. 그러나 면접관의 후속 질문이 어떠한지에 따라 오히려 지원자의 진짜 생각을 파악할 수 있고, 거짓이나 과장을 파헤치는 데 도움이 될 수 있다. 엉겁결에 이순신, 나이팅게일 등의 위인을 언급하거나 아버지, 동료 친구 등을 답변하는 지원자들이 있다. 그 이후 롤모델과 연계한 몇 가지의 질문을 하면 바닥을 드러내는 지원자들을 그동안 면접에서 자주 봐왔다.

> "지난 몇 년 동안 왜 몇 번의 이직을 하게 되었나요?"
> – 샤마 카바니, 마케팅 젠 그룹 설립자

지원자의 조직이나 일에 대한 끈기, 스트레스 내성, 일에 대한 태도 등을 포괄적으로 파악할 수 있는 질문이다. 아울러 이 질문으로 지원자의 과거 경력을 어느 정도 파악할 수 있다. 이직했을 때 사유는 무엇인지, 이직할 때 중요하게 생각하는 것은 어떤 점인지 등을 확인할 수 있다.

지원자가 얼마나 회사에 충실할지와 사고 과정도 예상할 수 있다. 즉 상사가 자신을 압박한다고 생각하는지, 아니면 일이나 사람에 쉽게 질리는 성향인지 알 수 있다. 일반적으로 볼 때 회사를 옮기는 것이 항상 나쁜 것은 아니다. 이는 지원자나 면접관 모두 알고 있는 사실이다. 중요한 것은 이직 사유를 파악하는 데 있다.

● **18번 질문 : 업무 능력, 조직생활**

> "현재까지의 경력 중 가장 의미 있었던 프로젝트나 업적에 대해 말해보세요."
>
> – 데보라 스위니, 마이코퍼레이션 CEO

이 질문은 지원자의 업무 스타일, 다른 사람과 함께 일하는 방식을 알려준다. 일을 추진하는 데 있어서 필요한 대인 측면과 업무수행 측면에서의 특징을 파악하기 위한 것인데, 대인 측면으로는 팀워크, 협력 등을 확인할 수 있다. 또한 개인 측면으로는 창의성, 문제인식 등의 영역을 평가할 수 있다.

또한 관련된 다른 질문도 자연스럽게 이어 나갈 수 있다. 예를 들면, "이 업적을 이룰 때 어떤 직위에 있었나, 조직성과나 자신의 성장에 어떤 영향을 미쳤나, 팀 전체에는 어떤 영향을 미쳤는가?" 등이다.

> "일이 예상대로 진행되지 않았던 경험에 대해 이야기해보세요. 예를 들면, 기대했던 승진이 안 되었거나 추진하던 프로젝트가 잘 안 되었을 경우 어떻게 하나요?"(협력적 자세, 대인 이해)
>
> – 토니 노프, 스포트라이트 티켓 매니지먼트 회장

이 질문은 간단하면서도 많은 것을 알려주는 면접방식이다. 국내의 많은 면접관이 실패나 좌절의 경험에 대하여 묻는 질문들과 유사하지만 토니 노프는 좀 더 명확한 자기만의 판단 노하우가 있는 질문이다. 그는 이 질문에 대한 답변이 주로 세 가지 형태로 나타날 수 있다고 하는데, '첫 번째는 책임 전가, 두 번째는 자기 비난, 세 번째는 성장 기회'로 구분된다고 한다.

자신이 겪은 실패와 위험의 경험을 타인에게 전가시키기보다는 그 과정을 통해 자신이 성장하는 기회로 활용했는지가 핵심이다. 즉 그 과정에서 배우고 느낀 것을 실제 행동 변화로 이어진 것들을 확인하고자 하는 질문이다.

조직은 구성원들이 자신이 맡은 바 임무를 그 이상으로 해내길 원한다. 그러기 위해서는 올바른 태도와 효율적 접근방식을 지닌 팀 플레이어를 선호한다. 만약 지원자가 예전 직장상사나 동료에 대해 비난 혹은 책임을 전가한다면 그 지원자는 이곳에서도 잘할 수 없다.

> "회사는 결과물을 만들기까지 비용대비 큰 효과를 볼 수 있는 것에 집중한다. 당신이 최근에 한 프로젝트 중 적은 비용을 들여

> "효율적으로 성취한 일은 무엇인가요?"
>
> – 에드워드 위머, 로드 ID 사장

비용대비 성과를 질문하거나 업무의 효율성 사례를 통해 주인의식이나 책임감, 문제해결하는 방식 등을 확인할 수 있는 질문이다. 그는 "우리는 이 질문에서 많은 경험담을 이야기할 수 있는 인재를 찾고 있다. 우리 회사는 지난 13년 동안 딱 한 번 가격을 인상했다. 그것은 지속적으로 비용을 절감했기 때문에 가능한 일은 아니었다. 늘 좀 더 효율적으로 일하려고 모든 팀원이 여러 가지 방법을 찾고 시도했다"고 말했다.

그의 질문 의도를 분석해보면 단순히 비용절감을 통한 효율성만을 추구한 것이 전부는 아닌 것으로 보인다. 일을 추진하고 문제를 해결하는 데 있어서 비용만이 아니라, 다양한 영역에서 사고하고 혁신하는 인재를 원하는 것이다.

> "하기 싫은 일이 있다면 무엇인가요?"
>
> – 아트 파파스, 불혼 회장

위 질문은 일반적인 면접질문 중 "자신의 단점에 대해 말해보세요"라는 것과 유사하면서도 조금 다른 질문이다. 단점을 말하라고 하는 질문에는 지원자들이 준비를 많이 하는데, "저는 일을 하는데 완벽을 추구하는 성격 때문에 시간이 걸리는 것이 단점입니다"라는 식으로 은근히 자기를 미화하여 변별력이 떨어진다.

하지만 이 질문은 구체적으로 하기 싫은 일(업무)을 물어보기 때문에, 단순히 추상적으로 단점을 묻는 것과는 다르다. 지원자가 장점을 말하기는 쉽지만 단점이나 하기 싫은 업무를 말하기는 매우 어렵다. 하기 싫은 일에 대해서는 더욱 답변하기 꺼려한다. 그래도 직무의 적합성을 확인하기 위해서는 끈질기게 질문하고 지원자의 답변을 들어야 한다. 대부분의 사람은 자신이 무슨 일이든 주어지면 잘할 수 있다고 착각한다. 그러나 막상 특정 업무가 주어지면 그렇지 않는 경우를 자주 보게 된다. 이런저런 이유로 직무와 자신의 특성이 맞지 않아 일을 두려워하거나 기피하는 경우가 많고, 심하면 이직을 선택하기도 한다. 영업업무를 지원한 사람이 새로운 사람 만나는 것을 두려워한다고 말한다면 직무적합성을 재고할 필요가 있다.

피해야 하는 금기질문

면접관이라고 아무 질문을 할 수 있는 것은 아니다. 성, 종교 등을 기준으로 고용차별을 의미하는 질문을 하는 것은 당연히 하지 않아야 하지만, 외모를 지적하거나 타박을 주어 지원자의 인권을 무시하는 질문도 조심해야 한다. 특히 블라인드 채용일수록 정보가 부족하다고 생각하는 일부 면접관들이 공정 채용에 저해되는 질문을 하는 경우가 가끔 있다. 이런 질문을 하는 것은 면접관의 자질이 부족하기 때문이라고 생각한다.

● **금기질문의 영향**

요즈음은 SNS시대이다. 이는 투명한 사회이고 열린사회이다. 기업이나 개인에 대한 평판도 트위터, 홈페이지 등 다양한 수단으로 소통

된다. 선거 때만 되면 게시판에 익명의 리액션 글들이 범람하여 문제가 되기도 하고 그러한 문제가 죽음으로 몰고 가기도 한다.

면접과 관련해서도 마찬가지다. 사전에 면접관 교육을 아무리 철저하게 해도 실제 면접상황에서 치명적인 실수를 범하는 면접관이 있을 수 있는데, 이로 인해 인터넷에 오르고 구설수에 시달리며 심지어 노동부에 진정되어 사실 확인과 해명을 하는 사례가 자주 일어나고 있다. 면접장 안에선 한없이 약자인 지원자들이 면접장을 벗어나면 적극적으로 면접 경험을 공유하면서 면접관들을 평가하기 때문이다. 그들은 인터넷 등 다양한 곳에서 '면접 정보'를 공유한다. 그들이 올리는 면접 후기엔 면접관의 갑질이나 불필요한 질문 행태가 낱낱이 공개된다. 성차별적 발언이나 사생활 관련 질문이 나왔다는 글이 올라오면, '그 회사 가면 안 되겠다'는 댓글이 달리기도 한다.

● 금기질문의 유형

다음 〈표 2-7〉에서 보듯이 가장 자주 나타나는 금기질문은 차별성 질문, 신상질문, 면접복장이나 자세 등 감정 질문과 수치심을 유발하는 질문 등이다. 면접 사고(면접에 항의, 반발하는 상황)를 당하면 면접관은 수준이 낮은 지원자를 탓하는 경우가 대부분이나, 지원자의 반응이 곧 면접관의 모습임을 명심할 필요가 있다.

이것은 강조할 필요도 없이 면접관의 판단(순간의 선택)이 회사의 장래뿐만 아니라 지원자의 평생까지 좌우하는 중요한 순간이기 때문이다. 그리고 면접 사고는 노동부 근로감독관에게 해명해야 하는 입장에 서기 때문에 이미 절반은 실패하고 있음은 물론, 등을 돌린 고객의 입소문을 생각하면 치명적인 실수가 아닐 수 없다. 반드시 금기질문을 하지 않는 질문 습관과 원칙을 가져야 하고 이에 대한 사전학습을 권장한다.

[표 2-7] 금기질문의 유형

유형	질문 예시	이 질문을 꼭 하고 싶다면?
성, 종교, 학교, 지역 등의 차별성 질문 [남녀고용평등법, 근로기준법]	"공대 출신이 왜 언론사에 지원하였나요?"	"공대 출신이 언론사에 취직 결심을 한 이유는? 그동안 어떤 준비를 했는지~~"식의 긍정적 질문으로 전환
이혼, 편부모 등 신상에 대한 질문	"부모님이 언제, 왜 이혼하셨나요?"	• 내용과 말투 모두 중요 • 언어선택에 신중 • 맞선 마인드(신중 모드)
수치심, 모욕감을 느끼게 하는 언어폭력	• "자신이 가장 매력 있다고 느끼는 신체 부분은요?" • "키가 작아서 곤란을 겪은 적이 많지요?"	• 자신의 장점과 단점은? • 가장 부족하다고 느끼는 것은?
얼굴, 자세, 옷 등 외모를 빗댄 질문	"얼굴 때문에 이익(손해)을 본 적이 자주 있지요?"	자신의 장점과 단점은?

가장 효과적인 실수 예방법은 구조화된 면접 평가표에 따라 인물보다 선례를 통한 가능성 판단을 하는 것이다. 질문표를 연구하여 응용하거나 활용도를 높이고, 짧은 질문으로 많은 것을 얻는 면접관으로서의 인터뷰 스킬을 연마해야 한다. 고객을 대하는 자세, 맞선을 보는 자세로 특히 언어선택에 신중해야 하며, 무엇보다도 갈등요인이 되는 말씨, 말투를 사용하지 않아야 한다.

● **이런 질문을 피하라**

▶ **'탈락'을 직감하게 하는 말**

한 취업 포털사이트의 설문결과에 따르면 탈락을 직감하게 하는 말로 "다시 연락드리겠습니다"를 1순위로 꼽았다. 다음으로 "관련 경험은 전혀 없으신가요?"이다.

이처럼 탈락을 직감하게 하는 말은 지원자의 마음을 위축시켜 진솔하고 충분한 이야기를 들을 수 없게 된다.

면접의 목적은 지원자를 줄이기 위해 탈락시키는 것이 아니라, 많은 지원자 중 우수한 성과를 낼 가능성이 높은 사람을 선발하는 데 있다. 우수한 사람이 많으면 당초 계획보다 추가 선발할 수도 있고 우수한 사람이 없으면 채용인원을 줄일 수도 있다. 최고·최적의 인재를 선발하기 위해서는 면접장 분위기가 안정감이 있어 지원자가 편안하게 응답할 수 있어야만 자신의 모습을 있는 그대로 보여주게 된다.

▶ **중복질문**

1대 1 면접이 아닌 1대다·다대다 면접장에서 타면접관의 질문과 중복되는 질문을 하는 경우가 있다. 시간 낭비일뿐더러 지원자의 답변에 혼란을 주고 지원자로 하여금 준비되지 않은 면접관이라는 인식을 줄 수 있다. 이를 방지하기 위해 사전에 구조화된 면접 질문지와 방식을 면접관들이 충분히 논의해야 한다. 그리고 면접 중에도 다른 면접관의 질문을 집중해서 듣고 중복되지 않도록 심층 질문을 준비해야 한다.

▶ **훈계성이나 호감·비호감을 시사하는 질문**

"인상이 좋으시네요.", "얼굴이 예뻐서 좋은 점수 받겠는데~" 등 지원자가 오해하기 쉬운 칭찬과 긍정적 또는 부정적 질문을 하지 말아야 한다. 그리고 지원자의 답변에 대하여 지도하고 훈계하는 말의 형태로 2차 질문을 하는 면접관도 있다.

"그 상황에서는 이렇게 하셨으면 되는데 아쉽네요", "내가 살아보니 답변한 것보다는 ~가 제일 소중하던데 어떻게 생각해요?"

이런 질문은 면접관이 요구하는 답변을 지원자에게 강요하는 것과 다를 바 없다. 이런 질문을 하면 지원자는 사실을 말하지 않고 역으로 면접관이 요구하는 답을 이야기하면서 면접관의 비위를 맞추려 한다.

▶ **직무나 역량과 무관한 질문**

이런 부류의 질문도 시간낭비일 뿐이며 지원자의 역량이나 인성을 판단하는 데 큰 도움이 되지 않는다. 당연히 피해야 하는 질문이다.

- 학벌 및 출신학교에 관한 질문
- 외모 및 신체사항(생김새, 신장, 체중 등)과 관련된 질문
- 이성 친구(or 결혼) 유무에 관한 질문
- 가족 관련(부모님 직업 등)
- 거주하는 주거형태와 지역명 등

07
경력사원 면접질문

경력사원 면접의 중요성

최근에는 경력사원 채용의 비중이 점점 더 커지고 있다. 경력사원은 신입사원과 달리 수시채용이며, 현업 부서의 책임자들이 책임을 지고 선발하는 것이 보통이다. 그런데 대다수 기업의 현업 부서장들은 인재선발에 대한 전문적인 훈련을 받지 못한 채 면접관이 되는 경우가 비일비재하다. 철저한 교육이 필요한 이유이다.

● **고용환경의 변화**

채용시장에서 이제 신입사원보다는 경력사원을 선호하는 추세가 점차 뚜렷해지고 있다. 실제로 취업전문가들이나 관련 포털의 조사 자료에 따르면 최근 3년간 취업포털 사이트에 등록된 채용공고 가운데 신입사원 채용공고의 비중이 점차 줄고 있다고 한다. 그 대신 신입·경

력 여부를 따지지 않고 채용하거나, 경력사원만 뽑는 기업도 늘어나고 있다.(출처:취업포털 사람인)

수년 전까지 채용시장은 신입사원을 채용해 내부에서 인재를 육성하는 내부노동시장이었다. 그 결과로 신입사원 공채라는 채용방식이 생겨나기도 했다. 그러나 금융위기, IMF, 성장 없는 경제 체제를 수년간 경험하면서 노동시장에는 변화가 일어났다. 경력자들이 대거 등장하게 된 것이다. 이에 노동시장은 필요한 인력을 경력사원으로 충원하는 외부노동시장으로 자연스럽게 바뀌게 되었다.

● **경력사원 채용 평가방향**

신입사원 채용에서 기업인사 담당자들이 가장 선호하는 유형은 '경력사원 같은 신입사원'이다. 신입사원을 뽑아서 독립적으로 업무를 수행하기까지는 너무나 많은 시간과 비용이 들기 때문이다. '학교 교육과 기업에서의 업무수행 간의 괴리'가 인사담당자들의 가장 큰 애로사항이다. 하지만 경력사원 채용에서의 핵심과제는 단순히 경력만 풍부하고 노련한 사원을 원하는 것은 아니다. 오히려 '신입사원 같은 경력사원'이 채용의 핵심이다. 조직충성도나 직무수행 태도가 신입사원처럼 높으면서도 바로 성과를 낼 수 있는 경력직사원을 기대하는 것이다.

기업이 신입사원보다 경력사원을 선호하는 첫 번째 이유는 경력사원은 빠르게 구체적인 성과를 낼 수 있기 때문이다. 기업 입장에서 신입사원을 채용하면 비용 측면에서 단기적으로는 유리하지만, 다소 높은 비용을 지불하더라도 신속하게 성과를 올릴 수 있는 경력자를 더 선호하게 된다. 또 하나의 이유는 경제의 저성장 기조가 오랜 기간 이어지고 기술이 급속하게 발전하는 환경으로 바뀌었기 때문이다. 경기가 안 좋으면 채용 인원을 제한할 수밖에 없다. 이직이나 자연감소로 인한 결원만큼만 충원하는 형태이다. 그럴수록 기업 입장에서는 실무에 밝고 바로 현장에 투입 가능한 인재를 원하게 된다. 새로운 경영환경에서는 과거와 달리 인력 수요 자체가 과거보다 줄어들고 최소한의 필요 인력만 충원하는 방식으로 고용 관행이 변화하고 있다.

취업포털 사람인은 몇 해 전 기업체 215개사를 대상으로 신입사원 대신 '경력 채용 계획'에 대해 조사한 결과를 발표한 적이 있다. 이 조사에 따르면 기업들이 경력직 채용을 선호하지만, 우수한 경력직 인재를 확보하는 것도 쉽지는 않다는 응답이 다수 기업에서 나타났다.(65.1%) 그 이유로는 '특정 직무에 필요한 인재 부족'(48.6%, 복수응답)을 가장 많이 꼽았으며, 다음으로는 '적은 지원자 수'(32.9%), '낮은 연봉, 복지, 인지도'(22.9%), '허수 지원자 발생'(20%), '채용 후 조기퇴사자 많음'(15.7%) 등의 응답이 이어졌다.

여기서 경력사원 채용에서도 조기 퇴사자가 많다는 응답을 면접관이나 채용 관계자들은 눈여겨보아야 한다. 이는 아무리 경력사원으로서 자기 분야의 전문성이 높다고 해도, 성공적으로 조직에 적응하고 조직의 기대에 부응하는 지원자를 선택하는 것에 어려움을 느낀다는 의미이다. 따라서 경력직을 채용할 때도 실무 능력 검증은 물론이고, 조직적응 차원에서의 인성요소에 대한 비중을 크게 다루어야 한다.

피면접자 입장에서 면접과정에서 나타나는 긴장과 걱정은 신입지원자일 때에는 관련 경험이나 경력이 부족하고 답변할 내용이 없기 때문에 두려움이 크다. 그런데 경력직 면접 또한 신입사원 채용보다 더 까다로운 면접질문에 직면하게 되므로 안심할 수 없다. 경력직이라고 하면 기본적으로 업무 능력이 있다는 것을 보여주면서, 동시에 전직이나 현재 지원회사에 대한 이해, 자신의 직무에 대한 전문적인 답변을 할 수 있어야 한다. 오히려 신입사원보다 면접에 더 많은 준비가 필요하다.

● 경력사원 채용일수록 더욱 까다롭게 : 부서장에 대한 면접관 훈련

경력직을 채용할 때는 면접이 차지하는 비중이 절대적이기 때문에 매우 까다롭게 진행되는 것이 마땅하다. 그러나 현실은 오히려 그 반대이다. 신입사원을 뽑는 방법은 매년 개선하면서도 경력직 채용은 그냥 현업에 맡겨버리는 경향이 짙다.

그렇다면 경력사원을 면접하는 데 있어서 옥석을 가려내려면 어떻게 하는 것이 최상일까. 주어진 업무에 딱 맞는 전문성을 보유하고 있으며 조직에 적응할 수 있는 능력을 갖춘 경력 후보자를 선발하는 것이 경력사원 채용의 목표라면, 까다롭고 엄격한 면접절차를 실행해야 한다. 이를 위해서는 언제든지 경력사원을 뽑아야 되는 현업의 관리자들에 대한 철저한 면접관 교육이 매우 중요하다. 필자는 항상 현업 관리자에 대한 리더십 교육의 필수 과목이 인재선발과 평가에 대한 것이라고 강조한다. 인재선발 방법, 질문하는 법, 관찰·기록하는 법, 평가 기준의 활용, 피드백하는 법 등은 매우 실질적인 것이어서 현업 관리자들에게 큰 도움이 될 것이다.

● 심층면접의 WHL 질문 모델

경력직사원 면접은 신입사원 면접보다 면접시간이 길어서 여유가 있다. 따라서 심층 질문을 통해 반드시 원하는 인재를 뽑을 수 있도록 노력해야 한다. 좀 더 깊게 파고드는 질문을 많이 할수록 원하는 인재를 얻을 수 있게 된다.

심층 질문이나 후속 질문을 할 때 기억하기 좋은 원칙이 WHL^{What, How, Little more detail}이다. '무엇을^{What}, 어떻게^{How}, 좀 더 구체적으로^{Little more detail}'을 사용하여 상대가 하는 말의 속뜻을 완전히 파악할 때까지 계속 파고들어야 한다.

[심층 질문을 위한 WHL 질문 모델]

WHL^{What, How, Little more detail}

- "그게 무슨 뜻입니까?"
- "어떻게 처리한다는 거지요?"
- "예를 든다면 무슨 상황인가요?"
- "그래서 그다음에 어떻게 했습니까?"
- "그랬더니 무슨 일이 일어났습니까? 그것에 대해 좀 더 자세히 듣고 싶네요."
- "그때 어떤 기분이었습니까?"
- "누구와 함께 하였나요?"
- "그랬더니 그 일의 결과가 어떻게 되었습니까?"

이런 질문들이 상대를 추궁하고 심문하는 것처럼 느껴질 수도 있다. 그렇다고 해서 질문을 멈추거나 일상적인 질문으로 돌아가면 기대하는 인재를 선발하는 목표를 포기하는 것과 마찬가지다. 지원자도 이런 어려운 질문과정을 거쳐 선발되면 뿌듯하고, 떨어지더라도 그 이유를 명확하게 알게 되어 후회가 없게 된다.

경력사원 면접은 조직문화에 영향을 미치고 해당직무를 바로 수행하여 성과를 낼 수 있는 사람을 결정짓는 중요한 단계이다. 따라서 지원자가 자신이 한 일을 명확하게 답변할 때까지 계속적으로 파고드는 질문을 해야 한다. 구체적인 질문이 잘 떠오르지 않을 때에는 "그 일에 대해 좀 더 자세히 설명해 주실래요?"라고 하면 된다. 그러면 지원자의 경험과 업적을 깊게 이해할 수 있다.

● 표준 질문과 평가가이드의 개발

경력사원 면접은 모든 부서에서 수시로 이루어진다. 그러므로 매번 새로운 준비를 하게 되면 경력사원 채용에 만전을 기하기가 어렵다. 미리 현업 관리자에 대한 사전 교육을 해야 한다. 이를 위해서는 어느 부서에서나 사용할 수 있는 표준 질문과 평가가이드를 미리 개발해야 한다. 어떤 질문이 필요한지 다음의 PCR 프로세스를 참조해보자.

경력사원 채용의
PCR 면접 프로세스

경력직 채용은 고용주 입장에서 볼 때 무척 중요한 문제이다. 신입사원과 달리 특정 직무를 수행할 사람이 필요해 채용하는 것이므로 지금 당장 꼭 필요한 사람만을 채용한다. 채용 후 기업문화나 업무가 자신과 맞지 않는다고 사직하면 회사 입장에서는 그만큼의 시간과 돈을 낭비하게 된다. 그렇기 때문에 경력사원에 대한 장점과 단점, 그리고 그 사람에 대한 인성과 전문성을 충분히 분석 판단하려는 노력을 기울일 수밖에 없다.

● **경력직의 성공 채용을 위한 PCR 면접 프로세스**

원하는 경력사원을 뽑기 위한 까다롭고 엄격한 면접절차는 어떻게 운영되어야 할까. 이를 위한 '경력사원 면접의 3단계 모델'을 제시한다.

[그림 2-3] 경력사원 면접의 PCR 프로세스

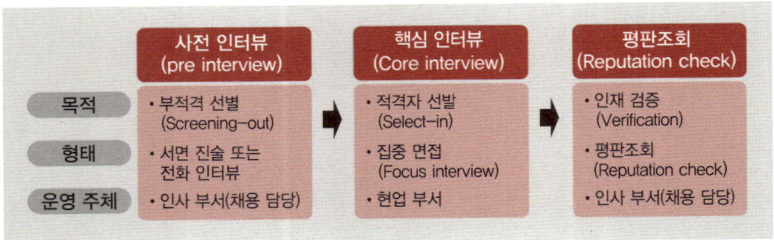

● **1단계, 사전 인터뷰** Pre Interview

지원자가 많을 경우에는 공통적인 질문을 통해 부적합자나 자격 미달자를 가려내야 한다. 사전 인터뷰는 부적합자를 주어진 시간 내에 가장 빨리 가려내기 위한 인터뷰이다. 사전 인터뷰의 동일한 공통 질문은 경력직 지원 후보자들 간의 차이를 식별하는 데 도움이 된다. 또한 질문내용이 분명하면서도 일반적이며, 열린 질문이기 때문에 지원자 간의 차이가 분명해진다.

사전 인터뷰는 기본적으로 인사부서(채용 담당)에서 수행한다. 답변 내용을 분석하여 현저하게 기준에 미달하는 후보자를 걸러낸다. 인터뷰 분석결과는 현업 부서로 보내 심층면접에 참고하도록 한다. 사전 인터뷰는 전화로 할 수도 있지만, 인사부서에서 직접 서면 진술하도록 하는 것이 가장 효과적이다.

다음에 제시하는 핵심질문 네 가지를 던진다면 무엇을 물어볼까, 하고 고민할 필요가 없다.

[경력사원 채용을 위한 사전 인터뷰에서의 최고의 질문]

- 당신이 우리 회사에서 기대하는 경력 목표는 무엇입니까?
- 그동안 업무를 추진하면서 인정받은 당신의 강점은 무엇입니까?
 (구체적 사례로 언급하십시오.)
- 당신에게 부족한 부분이나 관심이 없는 분야는 무엇입니까?
- 최근에 같이 일한 상사 세 명을 제시하십시오. 그들은 당신에게 몇 점을 줄 것이라고 생각됩니까?

▶ **당신이 우리 회사에서 기대하는 경력 목표는 무엇입니까?**

이 질문은 지원자의 목표와 열정을 판단하는 정보를 제공해준다. 여기서 판단기준은 조직의 필요와 지원자의 목표 가치가 일치한다면 가장 좋다. 지원자가 명확한 목표 의식이 부족하거나 지원회사나 직무에 대하여 피상적이고 일반적인 내용만을 응답한다면 우선적으로 걸러낼 대상이 된다. 채용하고자 하는 직책이나 직무가 지원자의 희망이나 목표와 완전히 다른 경우는 선택할 이유가 없다. 유능한 지원자라면 자신이 하고 싶은 일에 대해 잘 알고 있을뿐더러 자신감을 갖고 답변 또는 서술하게 된다.

▶ **그동안 업무를 추진하면서 인정받은 당신의 강점은 무엇입니까?**

이 질문은 신입사원 채용에도 자주 등장하는 질문이다. 그러나 신입사원 면접에서는 자기 분야 직무 경험이 전무하다시피하기 때문에 일상생활 속이나 학창시절 경험, 성격적인 내용이 답변의 중심이 된다. 그러나 경력사원에서는 일 중심의 답변을 들어야 한다.

사람들은 누구나 자신의 장점을 표현하는 데 열성적이기 때문에 최대한 많은 수의 장점을 말하도록 하고 그 속에서 지원자의 직무적성을 완벽하게 판단하도록 한다. 이때 가능한 관련 사례를 들어 구체적으로 설명해 달라고 요청할 경우 지원자가 내세운 장점을 맥락 속에서 쉽게 이해할 수 있다. 물론 이때도 그 장점이 채용하려는 직책이나 직무에 부합하는지 반드시 확인하고 평가하는 것은 당연하다.

▶ **당신에게 부족한 부분, 관심이 없는 분야는 무엇입니까?**

앞의 질문인 강점항목과 균형을 이루는 질문이다. 직접적으로 약점을 물어보면 지원자들은 대개 교묘하게 피해가거나 약점을 강점으로 포장하여 말하기 마련이다.

"지나치게 일을 많이 하는 스타일입니다", "무리한 목표달성 욕심으로 주변인들에게 부담을 주기도 합니다", "인간적인 면을 고려하다 보니 고민하고 신중하게 처리할 경우가 많습니다"라는 식의 원론적 답변을 할 가능성이 높다.

그러나 일단은 지원자들의 답변을 들어본 후 예상했던 답변이 돌아오더라도 진짜 약점이나 부족한 점을 말해보라고 계속 질문해야 한다.

"지금 말씀하신 단점, 즉 일을 많이 한다는 점은 오히려 장점으로 들리네요. 정말로 당신이 부족한 면이나 관심을 갖지 않는 분야는 없는가요?"라고 다시 물어보도록 한다. 그래도 지원자가 계속 모범답변과 변명만 늘어놓을 경우에는 주변 참고인의 평판조회가 있을 것이라고 살짝 언급하면 원하는 답을 얻을 수 있을 것이다.

대부분 자신의 강점이나 업적 중심으로 답변하기 때문에 객관적이고 균형 있는 판단을 위해서는 약점, 관심 없는 분야, 하기 싫어하는 일에 대해서도 적어도 두세 개 정도의 정보는 확인해야 한다.

▶ 최근에 같이 일한 상사 세 명을 제시해주십시오. 그리고 그들은 과연 당신에게 몇 점을 줄 것이라고 생각합니까?

이 질문에는 이전 직장에서 함께 일한 사람을 거론하도록 했기 때문에 사실에 입각하여 답변할 것이라는 전제를 깔고 있다. 따라서 예전 상사가 4점을 줄 정도인데 10점이라고 과장되게 말하지는 못한다. 이처럼 질문 시 과대포장이나 거짓을 말하지 못하도록 질문 구조나 사용하는 단어나 뉘앙스에 차이를 두는 것이 필요하다.

신입사원 채용에서는 과거의 행적을 확인하기가 불가능하나 경력사원은 그것이 가능할 수도 있다는 것을 직장생활을 한 경력사원들이라면 누구나 알고 있다. 이처럼 진실하게 답변하도록 유도함과 동시에 답변사항에 맞추어 지원자에게 추가질문을 하는 것이 매우 효과적이다. 그리고 점수기준은 10점 만점일 때 고평가하는 경향이 강하기 때문에 7점을 평균치로 정하고 판단하는 것이 좋다. 즉 6점 이하라고 답변하는 지원자의 경우는 실제로 4점 수준이라고 판단해도 된다.

● **2단계, 핵심 인터뷰** Core Interview

사전 인터뷰가 지원자의 옥석을 1차 가리는 면접질문이긴 하지만 최적 인재의 선발을 보장하는 충분조건은 아니다. 좀 더 자세하고 정확하게 지원자의 미래가능성을 가려내려면 핵심 인터뷰 Core Interview or Focus Interview 를 실시해야 한다.

시간을 더 들여 개인의 업무경력을 단계별로 정밀하게 검증해가는 포커스 질문단계를 실시한다. 질문내용은 주로 과거에 경험했던 업무 중 담당 업무, 최고의 실적, 실패했던 경험, 함께 일했던 멤버들과의 관계, 그 일을 그만둔 이유 등이다.

이 질문 목록은 어느 부서에서든, 언제든지 사용할 수 있도록 표준모델을 만들고, 사전 교육을 통해 현업 관리자들이 능숙하게 사용할 수 있도록 해야 한다. 이 단계에서 주로 사용하는 질문리스트는 다음과 같다.

[경력사원 채용을 위한 핵심 인터뷰에서의 최고의 질문]
- 지금까지 어떤 업무를 담당했습니까? 먼저 주요 경력이나 수행했던 업무들을 얘기해주십시오.
- 이 중에서 가장 자랑할 만한 최고의 실적은 무엇입니까?
- 결과가 좋지 않았던 일이 있다면, 어느 것이고 그 원인은 무엇이라 생각합니까?
- 왜, 그 회사(담당업무)를 그만두려 하나요?

▶ **지금까지 어떤 업무를 담당했습니까? 먼저 주요 경력이나 수행했던 업무들을 얘기해주십시오.**

이 질문은 지원한 업무에 대한 회사와 지원자의 목표나 지향점이 일치하는가를 보기 위한 것이다. 해당직무 범위에서도 지원자가 한 일을 구체적으로 확인하는 질문을 해야 한다.

- 담당한 역할이나 책임은 무엇이었나요?
- 해당직무를 수행하는 데 가장 중요한 지식이나 기술, 태도는 무엇이라 생각하는가요?
- 성과평가 기준이나 핵심요소는 무엇이었나요?

▶ 이 중에서 가장 자랑할 만한 최고의 실적은 무엇입니까?

이 질문은 지원자가 이룬 성과에 대한 사실 확인, 개인의 강점이나 업무행동 특성 등의 추가정보를 수집하는 데 도움이 된다. 지원자들은 대체로 제출한 이력서나 자기소개서에 자신의 실적을 거창하게 기록한다. 따라서 이때 집중해서 탐색해야 할 것은 이력서에 그럴싸하게 적힌 내용을 반복해서 말하는지, 본래의 업무목표나 미션에 충실하게 답변을 하는지 구분하는 것이다.

그렇지 않고 해당 실적이 해당직무에서 기대하는 본질적인 목표와 무관한 것이나 비중이 약한 것일 때는 신중하게 판단해야 한다. 일반적으로 고성과자는 성과를 말할 때 직무와 직접적으로 관련된 일을 자신감 있게 정리해 답변한다. 그러나 저성과자는 직무 가치와는 무관한 지엽적이고, 단순한 경험, 사람관계 중심의 사건, 자기가 좋아했던 부분을 중심으로 한정된 상황을 장황하게 나열하는 편이다.

▶ 결과가 좋지 않았던 일이 있다면, 어느 것이고 그 원인은 무엇이라 생각합니까?

일반적으로 자기를 표현하는 질문에는 장황하게 답변하지만 자신의 약점이나 실패사례를 거론하는 일에는 축소하여 대응한다. 아니면 그 부정적 결과의 원인을 자기 자신보다는 환경이나 타인에게 전가하는 모습을 보인다. 누구나 일을 하면서 실패나 최저점을 지나는 경우가 있다. 답변이 충분하지 못할 때를 대비하여 다음과 같은 후속 질문을 준비한다.

- 일이 원치 않는 방향으로 간 적이 있나요?

- 당신이 저지른 가장 큰 실수는 무엇이었나요? 대처 방법을 바꾸었다면?
- 해오던 일 중에서 좋아하지 않았던 것은 어떤 것인가요?
- 동료들이 당신보다 뛰어난 부분이 있다면 어떤 부분인가요?

▶ 왜, 그 회사(담당업무)를 그만두려 하나요?

이 질문은 책임감, 성실성 등의 인성을 파악하는 질문이라기보다는 오히려 지원자의 능력을 판단하는 데 풍부한 정보를 제공해준다. 외국기업의 채용임원이나 CEO가 면접에서 빼놓지 않고 자주 물어보는 질문이 "Are you running from or toward something?"이다.

- 지원자의 직무나 회사가 바뀐 이유는 무엇인가요?
- 전 직장에서 인정받으며 승진했나요?
- 당시에 스카웃되었나요, 아니면 해고당했나요?

지원자가 자신의 커리어를 쌓으며 한 걸음 앞으로 나아가는 도전적인 특성인가, 아니면 무엇인가로부터 도망치거나 회피하기 위해 이직을 하는 것인가를 파악해야 한다. 업무성과우수자는 당연히 외부조직이나 조직내부에서 상사가 능력을 소중하게 여겨 함께 일하고자 한다. 그러나 보통 이하의 실력자라면 상사에게서 인정받지 못해 타부서나 타사로 밀려났을 것이다. 그만둔 이유가 "윗사람과 성격이 잘 맞지 않았습니다"와 같은 어정쩡한 답변을 있는 그대로 받아들이면 안 된다. 조직에서 나왔거나 해당직무를 변경한 원인을 집요하게 파고들어야 한다.

● 3단계, 평판조회 인터뷰

지원자와의 면접은 사실상 2단계에서 끝난다. 하지만 지원자로부터 수집된 정보를 확인하기 위해 평판조회 인터뷰가 필요하다. 지원자의 주변인에게 전화나 간단한 만남으로 평판을 듣고 추가 정보를 수집하는 일이다.

평판 인터뷰를 제대로 진행하려면 다음 세 가지를 명심해야 한다.

첫째, 평판조회에 도움 줄 사람을 올바로 선정해야 한다. 지금까지 면접과정에서 수집된 자료를 살펴보고 지원자의 상사, 동료, 부하직원들 중에서 골라야 한다. 다음은 선정된 해당자들에게 미리 연락해 도움 인터뷰에 응해줄 수 있도록 지원자에게 요청한다. 정중하게 사전 양해를 구하지 않으면 대부분은 평판인터뷰에 응하지 않는다. 마지막은 질문을 미리 구조화하여 지원자의 정보들과 비교 판단이 쉽도록 한다.

- 지원자 ○○○와는 어떤 관계입니까?
- 지원자 ○○○의 가장 큰 장점은 무엇입니까?
- 지원자 ○○○에게 가장 부족했던 부분은 무엇입니까?
- 지원자 ○○○의 업무수행 능력을 1~10점으로 점수를 매긴다면 몇 점입니까? 그런 점수를 주는 이유는 무엇입니까?
- 지원자는 당시 어떤 분야에서 어려움을 겪은 적이 있나요?

[경력사원 면접을 제대로 하는 기술]

경력사원 지원자는 신입사원 지원자와는 다르다. 회사 및 사회생활의 경험을 가지고 있어 나름대로의 노련미와 처세술을 지니고 있다. 제대로 질문하지 않으면 경력사원 채용의 목표를 달성할 수 없다. 특히 인재선발 전문가라고 할 수 없는 현업 관리자들이 면접관이기 때문에 더욱 그런 걱정을 하게 된다. 경력사원 면접을 좀 더 효과적으로 할 수 있는 방법은 없을까?

지금까지 경력사원 채용면접을 3단계로 구분하고 각 단계에서 적용해야 하는 핵심질문을 제시했다. 그러나 실제로 이루어지는 경력사원 면접을 효율적으로 제대로 진행하기는 쉽지 않다. 경력직인 만큼 자신을 화려하게 포장하고 표현하는 데 익숙하기 때문이다. 경력사원 면접을 제대로 할 수 있는 데 도움이 되는 기술을 살펴보자.

● 기술 1. 답변 멈추게 하기

지원자가 하는 말을 중간에서 잘라야 할 때가 있다. 그렇지 않으면 경력직 지원자는 자신의 입장이나 경험을 몇 시간이고 늘어놓을 수 있다. 답변이 길어지거나 질문의 핵심에서 벗어나면 반드시 중간에 끼어들어 말꼬리를 잘라야 한다. 특히 긴장감 속에서 답변을 하다 보면 지원자 자신도 모르게 중요한 이야기를 빼놓고 샛길로 빠지는 경우도 있다. 그러므로 지원자의 답변 내용이 샛길로 빠지는 듯싶으면 즉시 개입하여 방향을 전환하도록 해야 한다. 답변 도중에 상대의 말을 자르는 것이 예의에 어긋난다 생각해 주저할 수도 있지만 면접 진행을 위해서는 단호해야 한다.

답변을 멈추게 하는 데는 좋은 방법과 나쁜 방법이 있다.

그만하라는 뜻으로 손을 들면서 "잠시만요. 됐습니다. 그 얘기는 그 정도만 하시죠"라고 하는 것은 나쁜 방법이다. 면접관이 이런 행동이나 태도를 보이면 지원자는 당혹스러움과 수치심을 느낀다. 그러면 자신이 실수했다는 느낌을 받기 때문에 입을 다물어 버린다. 그러면 이후 지원자의 입을 다시 열게 하기가 몹시 어려워지고 판단에 도움이 되는 정보를 수집하기 어렵게 된다. 좋은 방법은 미소를 지으며 상대의 답변에 공감을 표하면서 잘 듣고 있다는 모습을 보여준다. 그런 다음에 전환을 시도한다.

"아하 그랬군요? 그런데 그 이후는 어떻게 되었죠?"

"대단한 일을 하셨네요! 그 과정에서 느낀 점이 무엇인가요?"

"네, 그 결과가 무척 궁금하군요. 일단 조금 전에 했던 처음 질문으로 다시 돌아가 볼까요?"라고 하면서 답변 속에 자연스럽게 개입한 후 화제를 전환하는 말을 한다.

면접관이 공감과 존중하는 모습을 보여야 지원자는 편안한 마음으로 신뢰를 보낸다. 지원자와의 사이에 높은 신뢰감을 보여야 가치 있는 정보를 얻을 수 있다. 답변이 길어지면 자연스럽고 정중하게 개입하여 편안함과 신뢰감을 보이는 게 중요하다.

● 기술 2. 실적 비교 질문하기

지원자가 주장하는 성과가 정말 대단한 것인지, 보통 수준의 봐줄 만한 것인지, 겉만 그럴듯하게 포장한 것인지 구별할 수 있게 질문해야 한다. 지원자의 실적이 의미가 있는지를 평가하기 위해서는 다음 3개의 성과중심 질문을 활용하면 효과적이다.
- 당신의 실적을 이전과 비교한다면?
- 당신의 실적을 당초의 계획과 비교하면?
- 당신의 실적을 동료들과 비교하면?

● 기술 3. 업무에서 밀렸나, 당겨졌나 파악하기

일을 잘하는 사람에게는 더 크게 더 많은 일을 하여, 성공할 수 있는 기회가 주변에서 자꾸 생겨난다. 반면에 능력이 모자라는 사람에게는 조직이나 주변인들로부터 서서히 밀려나는 경우가 많다. 맡은 업무에서 밀려난 경험이 3번에 1번꼴로 있는 사람은 절대 채용해선 안 된다. 실적이 우수하고 가진 조건이 뛰어나다 해도 대인관계 등 어딘가에 문제가 있어 밀려난 것이 확실하기 때문이다.

그러나 '당겨진 지원자'의 경우에는 상사가 다른 업무를 함께 하자고 스카우트 제안을 해서 해당 업무를 그만두었을 가능성이 크다. 또는 승진으로 인해 역할이 새롭게 주어졌거나 주변 동료들이 추천을 많이 해서 관련 부서로 이동했을 가능성도 높다. 경력지원자가 업무에서 밀려났는지 타 조직이나 상사로부터 끌어당겨졌는지를 판단하려면 "왜 그 일을 그만두었습니까?"라고 물었을 때 나오는 답변을 파고들면 알 수 있다.

● 기술 4. 속마음 파악하기

면접관은 지원자의 답변을 들으면서 항상 진실을 파악해야 한다. 겉으로 드러난 답변 내용만이 아니라 그 이면의 의도와 마음을 꿰뚫어 볼 수 있어야 한다. 지원자의 얘기를 제대로 이해하고 답변에서 진정한 속마음을 파악하려면 먼저 머릿속으로 지원자의 입장이 되어 업무 수행 상황을 상상해보라. 면접관은 마음속으로 지원자의 상황과 배경을 그려야 한다. 그렇게 호기심을 갖고 지원자의 말을 들으면 숨은 본뜻을 파악할 수 있다.

- 입장을 바꿔 생각하려 애쓴다.
- 왜 그 일을 그렇게 했을까 상상한다.
- 상대의 입장이 되어서, 왜 그가 그런 결정을 내렸나 생각해본다.
- 지원자의 보디랭귀지나 제스처의 변화를 민감하게 관찰한다.

● 경력사원 채용에 자주 하는 질문

다음은 경력사원을 채용할 때 자주 질문하는 면접 목록이다. 맥락에 맞추어 적절하게 활용하면 큰 효과를 얻을 수 있다.

- 왜 직장을 옮기려고 하는가?
- 이 일을 통해서 얻고 싶은 것은 무엇인가?
- 그동안 이룬 업적은 무엇인가?
- 우리 회사가 왜 당신을 선택해야 한다고 생각하는가?
- 왜 이 일을 하려고 하는가?
- 당신은 우리 조직을 위하여 어떻게 일할 것인가?
- 당신에게 성공이란 어떤 의미를 갖는가?
- 왜 우리 회사에서 일하기를 원하는가?
- 당신은 어떤 경력을 가지고 있는가?
- 이전 직장에서 담당했던 역할과 책임은 무엇인가?
- 이전 직장에서 상사와의 관계는 어떠했는가?
- 업무를 추진하는 데 있어서의 장점과 단점은 무엇인가?
- 본 직무를 수행하는 데 핵심이 되는 지식이나 기술은 무엇이라 생각하는가?
- 전 직장에서 상사 및 동료들과의 커뮤니케이션 방법은 어떠했는가?

단 하나의 질문

효과적인 질문과
최고의 답변

08
효과적인 질문과 노하우 익히기

질문 테스트 Review

Part 1에서 여러분은 질문 능력 테스트의 문제를 풀고 자신의 수준을 점검해 보았다. 이제부터는 가장 효과적인 질문이 어떤 것이었는지에 대해 학습을 통해 질문 활용능력을 다져야 한다. 반드시 본 문제풀이를 통해 자신의 사전 수준 점검에 대한 피드백과 함께 각 문항별 질문이 주는 효과성에 대한 차이를 확인해보자. 지금까지의 학습내용을 기억하면서 인재평가를 위한 질문의 원칙, 영역별 면접질문의 가장 효과적인 질문이 무엇인지 비교해보자.

면접의 자리는 주어진 시간, 지원자의 심리, 지원자에 대한 정보의 불확실성 등으로 인해 정확한 판단을 하는 데 한계가 있다. 따라서 면접관은 얻고자 하는 정보를 가장 정확하고 빠르게 취득하여 판단에 도움이 되도록 '질문의 효과성'을 높여야 한다. 다양한 면접상황이나 주제에 대한 면접기술을 습득한 후에 문제풀이를 접한다면 복습과 심화학습 차원에서 도움이 될 것이라 생각한다.

앞서 제시한 10개의 문제에는 각각 3개의 질문이 있었고, 그중에서 가장 효과성이 높은 질문문항을 선택하는 것이었다. 3개의 질문 중 가장 효과성이 높은 것을 '베스트 질문', 다음 수준의 질문을 '보통 질문', 마지막으로 잘못된 질문은 아니지만 효과성이 가장 낮은 질문을 '약한 질문'이라고 구분한다.

[표 3-1] 질문 능력 테스트 채점 기준표

문항	가	나	다	비고
1	3	0	5	
2	5	3	0	
3	0	5	3	
4	0	5	3	
5	5	0	3	
6	3	5	0	
7	5	0	3	
8	5	0	3	
9	0	3	5	
10	0	3	5	
합계				

이제부터 자신이 선택한 질문 테스트 결과를 평가해보자. 각 문제마다 제시한 3개의 질문 중 가장 효과성이 높은 '베스트 질문'에 5점, 보통 질문에 3점, 마지막으로 '약한 질문'에는 0점을 부여한다. 예를 들어 1번 문항에서 '가'를 선택한 경우는 '3'점, '나'를 선택한 경우는 '0'점

을 취득하게 된다. 10번까지의 점수를 총계한 점수가 자신의 현재 면접질문을 이해하고 사용하는 능력 수준이다.

각 문항별 점수를 합산하여 총계를 낸 결과가 40점 이상이면 면접관으로서의 자질이 우수하고, 26~39점을 받았으면 기본적인 자질은 있으나 효과적으로 질문하는 기술을 익혀야 하는 수준이다. 20점 이하는 많은 노력이 필요한 수준이며 면접의 요소와 평가기준, 인성과 역량의 요소, 면접질문의 구성 원칙 등 면접과 인재평가 전반에 걸쳐 많은 학습이 요구되는 수준이다.

효과적인 질문 익히기

지금부터 앞에서 실시한 10개의 테스트 문항의 가, 나, 다 3개의 질문 항목 중에서 어떤 항목이 베스트 질문, 보통질문, 약한 질문인지 구체적으로 설명한다. 어떤 질문 형태가 가장 효과적인 질문인지 그 이유를 학습하고 질문 노하우를 훈련하기 바란다.

▶ **질문 1. 지원자의 지원동기 파악**

> 가. 우리 회사의 어떤 일에 가장 관심이 있습니까?
> 나. 본인이 지원한 ○○직무의 어떤 점에 매력을 느끼나요?
> 다. 본인이 지원한 우리 회사(업무)와 전에 근무했던 직장(업무)과 차이점이 있다면 어떤 것입니까?

'가' 질문은 보통수준의 질문이다. 답변을 통해 지원자가 어느 부분에 관심을 갖고 있는지 판단하고 또 그것에 대해 더 추가 질문하는 것이 가능하다. 다음과 같이 질문하면 좋다.

"이 일에서 가장 관심이 가는 부분은 어떤 점입니까?", "이 포지션에서 가장 어렵다고 느끼는 것은 어떤 점입니까?"

'나' 질문으로는 관련 정보를 거의 얻을 수 없다. 그래도 "이 직무의 모집요강을 봤을 때 당신의 전공이나 보유 스킬과 어떤 점이 일치한다고 생각했습니까?"라고 질문하면 어느 정도 자세한 정보를 얻을 수 있다. 다만 포장된 답변을 들을 가능성이 높아서 추가질문을 세심하게 해야 하는 부담만 늘게 하는 질문이다.

'다' 질문이 베스트 질문이다. 지원자가 예전에 경험한 일이나 직업에 대해서 어떤 점을 마음에 들어 했는지, 그리고 이번 모집하는 일과 어떻게 비교 설명하는지를 파악할 수 있다. 추가적으로 "전에 해본 일 중에서 어떤 한 가지를 바꿀 수 있다면 그건 무엇입니까?"라고 계속 물으면 지원자가 자신이 경험한 일 중에서 어떤 부분에 대해 불편함과 불만을 가졌는지 좀 더 구체적으로 알 수 있다.

▶ **질문 2. 지원자의 장단점 파악**

> 가. 주변동료에게 본인의 장점을 묻는다면 무엇이라 말해줄 것 같은가요? 그리고 그 이유는 무엇입니까?
> 나. 본인의 강점이나 약점은 무엇입니까?
> 다. 본인이 몸 담아본 조직이나 집단에서 어떤 기여를 하였습니까?

'가' 질문이 베스트 질문이다. 이런 질문은 기본적으로 "당신의 강점이나 약점은 무엇입니까?"와 같은 것을 묻는 질문이지만, 주변사람들의 눈에 비친 자신의 모습을 묻기 때문에 객관적으로 답하고자 생각을 더하게 된다.

'나' 질문은 너무 평범한 보통수준의 질문이다. 같은 질문일지라도 생각할 필요가 있다. "이 일을 한다면 당신의 어떠한 장점을 살릴 수 있을까요?" 등의 질문을 생각하자.

'다' 질문은 약한 질문이다. 이 질문처럼 "어떤 기여를 했습니까?" 또는 "어떤 업적을 세웠습니까?" 등의 질문은 묻는 의도가 명확하지 않다. 따라서 다음과 같이 구체적으로 질문하는 것이 좋다.

- 직무내용 중 당신이 가장 잘 하는 것과 못 하는 것은 무엇입니까?
- 모집하는 직무가 전에 해본 일과 비교했을 때 유사점이 있습니까?

▶ **질문 3. 지원자와 지원직무와의 적합성 판단**

> 가. 본인과 지원한 일의 적합성을 스스로 채점한다면 몇 점입니까?
> 나. 해당직무에서 가장 필요로 하는 자질은 무엇이라고 생각합니까?
> 다. 지원한 직무 분야에서 본인은 어떤 가치를 창출할 수 있습니까?

'가' 질문은 약한 질문이다. 일의 적합성 점수를 스스로 준 것에 대하여 좋고 나쁨의 절대적 기준을 정할 수는 없다. 따라서 '가' 유형의 질문보다는 "이 일의 어느 부분에서 본인의 능력을 최대한 살릴 수 있다고 생각합니까?"라고 묻는 것이 좋다.

'나' 질문이 베스트이다. 지원자의 답변으로부터 심층 질문을 이어 갈 수 있어 좋다. 지원자가 "의사소통이라고 생각합니다"라고 한다면 지원자가 의사소통과 관련하여 자신의 경험과 함께 자신감이 있다는 것을 추측할 수 있다. 거기서 지원자가 그 능력을 발휘해 역경을 이겨낸 구체적인 사례를 말해보라고 요구한다.

준비를 많이 하는 지원자들의 경우 면접에 참여하기 전에 사전조사를 통해 회사나 조직에 기여하는 점이 무엇이고, 어떻게 하면 지원 분야에서 '부가가치'를 창출할 것인가에 대해 생각한다.

'다' 질문은 보통수준의 질문이다. 이러한 질문의 답변을 통해 지원자가 지원회사와 모집 분야에 대해 어느 정도 숙지하고 있는지를 알 수 있다.

▶ 질문 4. 지원자의 목표와 비전

> 가. 5년 후 본인은 무엇을 하고 있을까요?
> 나. 본인의 단기목표와 장기목표에 대해 각각 말해주세요.
> 다. 지원 분야의 일이 본인의 장기적인 계획과 일치하는 점이 있습니까?

'가' 질문은 약한 질문에 해당한다. 면접관이 자주 사용하는 질문이지만 사실 무의미한 질문이라 할 수 있다. 지원자가 준비된 답변을 하는 경우가 많으며 일과 개인의 경계가 불분명하다.

'나' 질문은 베스트 수준의 질문이다. 지원자의 장래목표와 단기목표 등 이 일을 하는 데 있어서 두 가지 점에 대해 묻는다. 이 질문에서 개인의 비전과 회사생활에서의 목표를 함께 확인할 수 있다. 대개의 경우 지원자들은 "근무하면서 많은 전문지식과 경험을 쌓아 최종적으로 최고경영자가 되는 것이 제 목표입니다"라는 답변을 한다. 하지만 이 대답은 질문에 대한 적절한 답변은 아니다.

'다' 질문은 보통질문이다. 지원자가 "예", "아니오" 라고 답할 가능성이 있다. "이 회사에서 일하는 것이 당신의 삶의 비전이나 목표달성에 어떻게 유용합니까?"라고 물으면 충분한 정보를 끌어내는 것이 가능하다.

▶ 질문 5. 실수를 통한 자기성장

> 가. 실수로 인해 터득한 가장 값진 일은 무엇입니까?
> 나. 본인의 실수가 다른 사람의 책임으로 돌아간다면 어떻게 하겠습니까?
> 다. 한 번 실수는 병가지상사라고 합니다. 최근에 일하면서 실수한 경험이 있습니까?

'가' 질문이 베스트이다. 이것은 마이너스가 아닌 긍정적 사고를 묻는 데 효과적이다. 지원자가 면접에서 이런 질문을 받은 후 난처해하지 않고 실수를 통해 깨달은 내용을 정확히 이야기한다면 자기계발 의식이 강하고 자신감 있는 지원자라고 할 수 있다.

'나' 질문은 약한 질문에 해당한다. 이 질문처럼 "~ 라면 어떻게 하겠습니까?" 형태의 질문은 지원자에게 그럴듯한 모범답변을 지어내보라는 것과 마찬가지다. 면접담당자는 사실을 끌어내는 질문을 해야 한다. 이를 위해서는 경험을 기반으로 한 질문이 효과적이다.

'다' 질문은 보통수준의 질문이라 본다. 누구나 실수는 한다고 우선 인정하기 때문에, 지원자는 실수 자체로 평가받는 것이 아니라는 안심 속에 신뢰를 가지고 거침없이 답변할 수 있다. 지원자가 경험에서 무엇을 배웠는가를 주의해서 들어야 하며 추가적으로 확인을 위한 후속 질문을 해야 한다.

▶ 질문 6. 대인관계 능력

> 가. 주변인들로부터 어떤 사람이라는 평가를 받고 있습니까?
> 나. 다른 사람과 의견충돌이 있었던 경험을 이야기해주세요.
> 다. 친구, 선후배 등과 의견이 맞지 않았던 경험이 있습니까?

'가' 질문은 보통수준이다. 이는 답변의 진위 여부를 확인하기 어렵고 주변사람들로부터 어떤 평가를 받고 있는지 막연한 추측의 정보밖에 얻을 수 없다. 이런 형태의 질문을 하려면 좀 더 구체적으로 "집단이나 팀에서 당신의 공헌에 대해 주변사람들은 뭐라고 하나요?", "팀에서의 영향력은 어떻습니까?" 등처럼 질문 범위를 구체화하는 것이 좋다.

'나' 질문은 베스트 질문에 해당한다. 이처럼 가상의 상황보다는 지원자의 경험에 기반한 답변을 구하는 질문이 보다 효과적이다. 다른 사람과 의견이 '대립된다면 어떻게 할 것인가' 보다 '대립했을 때 어떻게 했나'라고 질문하는 것이 좀 더 사실에 근거한 답변을 유도할 수 있고 후속 질문을 하기에 용이하다. 만약 의견 대립이 없었다고 한다면 그 지원자는 자신의 의견을 주장하지 않는 소극적 인물인지를 알기 위해

한 번 더 후속 질문을 하는 것이 필요하다.

'다' 질문은 약한 수준의 질문이다. 이 질문을 받은 지원자는 자신에게 불리한 답변을 할 가능성이 거의 없다. 결국 "없습니다"라고 한다면, 다른 질문을 통해 지원자의 행동 패턴을 분석해야 한다. 지원자는 '소극적인 사람으로 자신의 의견을 주장하지 못하는 것은 아닌가'라고도 생각할 수 있다.

▶ 질문 7. 팀워크나 협동심

> 가. 본인이 팀원으로서 활동한 경우 어떤 존재였나요? 함께 활동한 동료에게 묻는다면 어떻게 답변을 할 것 같은가요?
> 나. 과거에 동료들과 트러블이 생긴 적은 없었습니까?
> 다. 팀원으로서 본인은 동료들로부터 어떻게 평가받고 있습니까? 세 가지를 들어 얘기해주세요.

'가' 질문은 베스트 수준이다. 자신이 남의 눈에 어떻게 비춰질까 생각해본 적이 없는 지원자에게 이런 질문은 굉장히 어렵다. 반면에 자신만만하게 답변하는 지원자도 있을 것이다. 어쨌든 면접관은 지원자 자신에 대해, 그리고 지원자의 협동성에 대한 정보를 얻을 수 있고, 지원자의 즉답 능력, 판단 능력을 파악할 수 있는 단서도 부가적으로 수집할 수 있다.

'나' 질문에 대한 답변은 '예', '아니오'로 먼저 할 것이다. "항상 동료와 문제가 일어납니다"라고 답변하는 지원자는 없다. 이어서 관련 질문을 다시 해야 하기 때문에 비효율적인 질문이다.

'다' 질문은 일반적 수준이다. 타인과의 관계에 있어 당사자가 중요하다고 생각하는 요소를 파악한다면 유용한 질문이다.

▶ 질문 8. 전문 분야 확인

> 가. 다른 사람보다 자신 있는 분야는 무엇입니까?
> 나. 지원한 분야의 일을 살릴 수 있는 최대강점은 무엇입니까?
> 다. 본인의 분야에 대해 어떤 식으로 최신 정보를 캐치하고 있습니까?

'가' 질문은 어떠한 점이 다른 사람에 비해 강점이고 전문성이 있는지 설명하도록 하기 때문에 효과적인 질문이다. 베스트 질문에 해당한다.

'나' 질문은 약한 질문이다. 표현만 다를 뿐 "당신의 강점은 무엇입니까?"라고 묻는 것과 같다. 그다지 효과적이지 못한 질문이다.

'다' 질문은 무난하다. 좀 더 효과적으로 질문하려면 "이 분야의 최근 동향이나 개선점에 대해 어떤 의견을 가지고 계십니까?"로 해야 한다. 지원자가 최신 경향이나 기술에 대하여 평소 정통한지를 알아보는 것이 핵심이다. 본 질문은 변화에 대한 능력을 평가하는 용도로도 효과적이다.

▶ 질문 9. 성과에 대한 결과

> 가. 지금까지 상을 받았거나 특별한 보상을 받은 적이 있습니까? 그때 얘기를 해보세요.
> 나. 지금까지 일을 통해 성공한 사례를 세 가지만 들어주세요.
> 다. 지금까지 본인의 경력에서 가장 만족했던 일은 무엇입니까?

'가' 질문방식은 약한 형태에 해당한다. 일반적으로 조직이나 집단에서 상이나 특별 인센티브 등이 항상 성과물 중심으로 이루어졌던 것은 아니다. 따라서 '가' 질문을 하려면 표창이나 포상이 흔한 조직풍토인지를 먼저 확인하고 지원자의 이야기를 판단해야 한다.

'나' 질문은 보통수준이다. 여기에서처럼 지원자의 이야기를 듣고 후속 질문을 계속하는 것도 좋다. 그렇다면 지원자가 해왔던 구체적인 프로젝트나 경험에 대해 알 수 있고, 그 프로젝트에서 지원자가 한 역할에 대해서도 알 수 있다.

'다'는 베스트 질문이다. 지원자가 의욕을 가졌던 일에 대해 들을 수 있어 좋다. 좀 더 자세하게 "지금껏 가장 만족했던 업무에서는 구체적으로 어떤 상황, 주어진 과제, 자신의 역할, 결과 등에 대하여 물으면 더욱 효과적이다.

▶ **질문 10. 과업관리 능력**

> 가. 프로젝트 수행 등 과업관리 능력에 대해 스스로 채점해주세요.
> 나. 한 번에 여러 개의 프로젝트에 몰두해야 한다면 어떻게 우선순위를 매기겠습니까?
> 다. 본인의 과업관리 능력에 대해 당시 멤버들은 어떻게 평가하고 있습니까?

'가' 질문은 아주 약한 수준의 질문이다. 지원자 자신이 답변한 점수로는 능력의 수준을 비교할 길이 없다. 이경우에는 "어째서 그런 점수를 주었는지 설명해주세요"라고 반드시 추가적 질문을 계속 이어가야 한다.

'나' 질문은 보통수준이다. 이처럼 상황을 가정해서 질문하면, 지원자가 상상으로 답할 수 있기 때문에 능력 파악에는 효과가 적다. 즉 이러한 타입의 질문은 지원자가 자신에게 유리한 답변을 하기 때문에 사실을 알기가 어렵다.

'다' 질문이 베스트 질문이다. 당시 팀원들이 지원자의 프로젝트 매니지먼트 능력에 대해 어떻게 생각하는지를 물으면 보다 객관적인 입장에서 답변을 얻을 수 있다.

09
면접 합격을 위한 최고의 답변

거꾸로 보는 질문과 답변

지원자는 면접관의 질문 원리와 평가방향을 알면 유리하다. 면접관도 지원자 입장에서 답변을 해보면 평가에 도움이 된다. 실제 면접관 훈련에서나, 지원자의 면접스터디에서 이러한 역할 교체를 경험하기도 한다. 역지사지易地思之하면, 지원자는 좀 더 여유 있게, 면접관은 좀 더 정확하게 면접을 수행할 수 있다. 지금까지 질문에 초점을 두었으므로, 마지막 단원에서는 지원자의 답변을 해석하는 기회를 가져본다.

● **역지사지의 자세, 최선의 실습방법**

지피지기 백전불태知彼知己 百戰不殆는 '상대를 알고 나를 알면 백 번을 싸워도 위태롭지 않다'라는 뜻이다. '상대와 나의 강약점을 모두 파악한 후 싸움에 임해야 위태롭지 않다'라는 뜻의 고사성어이다. 역지사지는 서로 상대방의 입장이 되어 생각해보고 행동해보자는 뜻이다. 지금의 취업시장 같은 상황에서 예상된 질문에 준비된 답변을 하는 지원자들 중에서 옥석을 가리기는 어려운 일이다. 취업면접의 장에서 한번쯤 면접관과 지원자의 입장을 바꾸어 생각한다면 어떨까?

면접지원자 입장에서는 면접관의 질문 의도를 알 수 있어 답변 시 불안감으로 인한 실패 확률을 줄일 수 있을 것이고, 면접관 입장에서는 답변의 내용이나 수준에 맞추어 심층 질문을 하고 능력을 판단하는 기술을 익힐 수 있다.

면접 준비나 답변 시 가장 중요한 것은 '면접관이 왜 이 질문을 할까?'이다. 질문에 대한 답변을 준비하고 분석하는 일은 면접관과 지원자 모두에게 중요하다. 면접관은 지원자의 답변을 예리하게 분석하여 질문의 의도에 맞는 답변인지, 답변 내용이 필요한 정보를 수집할 수 있는지 평가하고 판단해야 한다. 반대로 지원자는 질문자의 의도를 빠르게 파악하고 원하는 형식에 맞추어 주어진 시간 내에 자신을 최대한 보여줄 수 있어야 더 좋은 점수를 받을 수 있다. 아울러 자신감 있게 자신에게 유리한 답변을 할 수 있어야 한다.

취업준비생들은 면접에서 자주 등장하는 질문들을 정리한 자료나 정보가 많고, 이를 중심으로 실제 면접상황에서 받을 수 있는 질문에 대하여 연습한다. 그러나 면접 예상 질문을 달달 외워가며 준비한 지원자들이 면접에서 탈락하는 모습을 주변에서 쉽게 찾아볼 수 있다. 결국 면접에서 정말 중요한 것은 귀에 들리는 질문 소리가 아닌 그 속에 들어있는 면접관의 의도를 파악하는 일이다. 면접관의 질문을 '문자' 그대로 받아들여 '정직하게'만 답한다면 낭패를 보기 쉽다는 뜻이기도 하다. 이는 면접관의 질문 의도와 해당 질문을 하게 된 상황적 요인들에 따라, 의도하는 답변 내용이 달라질 수 있기 때문이다. 중요한 것은 어느 질문이나 그 질문의 의도를 명확히 파악하고, 의도에 적합한 면접관이 원하는 정보를 제공하는 것이다.

면접관도 준비된 답변을 하는 지원자를 상대로 각각의 질문 목적을 명확히 해야 한다. 능력 판단과 무관하거나 시간 채우기 식의 질문은 지원자에게 달달 외운 대로, 거짓으로 꾸며서라도 듣기 좋게 답변하라는 신호를 주는 것과 다르지 않다. 지원자의 답변을 주의 깊게 듣고 그 속에서 답변의 진실성과 능력의 잠재가능성을 판단할 근거를 확보해야 한다. 그리고 답변과 연계하여 추가질문을 함으로써 준비된 답변의 한계를 돌파해야 한다.

● 단 하나의 최고 답변

지피지기 백전불태와 역지사지의 관점에서 본 장을 구성했다. 본 장에서는 지원자 입장에서 각 질문에 어떻게 답변할 것인가에 대한 관점과 핵심내용을 분석, 정리했다. 이후 자발적 성찰과 실습을 통하여 면접에 대한 답변 능력을 높일 수 있도록 했다. 역지사지의 관점에서 거꾸로 활용하면, 면접관에게는 질문에 대한 답변을 해석하고 지원자의 능력과 자질을 검증하는 기법이 된다. 준비된 질문에 형식적 답변을 듣고 마치는 허술한 면접 자리를 피하기 위해서는 질문의 목적과 평가방법에 대한 정확한 이해가 있어야 한다.

다음의 주어진 면접관의 질문에 대한 최적의 답변이 무엇인지 생각해보자. 여기서 말하는 최적의 답변이란 면접관에게는 질문의 의도에 맞추어 판단에 도움이 되는 정보를 정확히 제공한다는 뜻이다. 또 반대로 지원자에게는 자신의 능력이나 의지를 충분히 보여줌으로써 좋은 점수를 받을 수 있다는 것을 의미한다. 결과적으로 지원자는 최적의 답변 사례처럼 답변할 수 있도록 평소에 준비하고 연습해야 한다.

아울러 면접관은 다음의 질문과 답변상황에서 지원자별 답변을 분석하여 보유 능력이 무엇인지 어느 정도 수준인지 평가해보자. 한 걸음 더 나아가 지원자들에게서 추가로 확인해야 할 정보는 무엇이고 이를 위한 2차 심층 질문은 어떻게 해야 하는지 생각해보자. 면접관에게는 질문만큼이나 답변의 분석과 평가도 중요하다.

성공적인 면접관을 꿈꾸는 독자나 면접을 앞두고 있는 예비지원자 모두 지피지기 백전불태와 역지사지의 관점에서 다음의 예시를 참고해주기 바란다.

▶ **질문 1. 지속적인 끈기를 가지고 노력했던 경험을 말씀해주세요.**

지원자 A

"저는 어떤 어려운 일이 주어져도 한결같은 끈기와 집중력을 가지고 할 수 있습니다. 일을 완수하기 위해서는 어떤 노력도 아끼지 않습니다. 주어진 시간 내에 끝내지 못하면 밤을 새서라도 끝까지 해내고 맙니다. 이것이 저의 장점이고 강점입니다. 다시 말해 저의 장점은 어떤 힘든 일도 끝까지 해낸다는 것입니다."

지원자 B

"학교에서 4일이 소요되는 팀별 프로젝트를 수행해야 하는데 서로 미루다 결국 이틀밖에 시간이 남아있지 않았을 때 일입니다. 저는 팀 대표로서 책임감을 가지고 먼저 해야 할 일을 정리하고 일의 우선순위를 정해 팀원들 각자에게 일 분담을 시켰습니다. 그리고는 다른 사적인 일이나 학교 내 다른 일을 차단하고 모든 시간을 이 일에 집중하게 했습니다. 팀원들의 포기의사도 있었지만 애초 계획을 세운 대로 일처리를 하고 시간관리를 철저하게 진행했습니다. 그 덕분에 주어진 기간 내에 보고서를 제출할 수 있었습니다."

지원자 C

"끈기를 가지고 노력해야 했던 일은 편의점 아르바이트를 할 때 재고정리 자료를 작성하는 일이었습니다. 단조로운 일이지만 끈기를 갖고 해야 완수해낼 수 있는 일이었습니다. 저는 어떤 일이 주어지면 포기하지 않고 비교적 마무리를 잘 하는 편입니다."

답변 분석

지원자 A의 답변은 좋지도 나쁘지도 않은 보통 수준의 답변이다.

행동의 구체성이 결여되어 있지만 끈기 있게 일에 임하는 자세가 있다는 것은 엿볼 수 있다. 면접관은 "일을 완수하기 위해서는 어떤 노력도 아끼지 않습니다"라는 답변에는 계속 질문을 해 구체적 증거를 제시하게 할 필요가 있다. 면접지원자들은 자신이 경험한 구체적인 예를 들어 답변해야 한다. 그렇지 못하면 사실이 아닌 의미도 없는 내용을 말한다고 불리한 판단을 받을 수 있다.

지원자 B의 답변이 가장 적절하다.

적절하다고 할 수 있는 것은 우선, 질문을 잘 듣고 답하고 있다는 점. "~했을 때 경험을 얘기해주세요"라고 질문하고 있기 때문에 지원자는 구체적인 예를 들어 답하고 있다. 또 일을 하기 전에 무엇인가 우선순위를 정한다는 자신의 일하는 방식이나 자질을 표현하고 있으므로 명확한 답변이다. 자신에게 주어진 일을 완수하기 위해 며칠간 몰입하고 어떤 경우라도 일을 끝까지 완수해낸다는 태도를 보인 점도 우수하다.

지원자 C의 답변은 부적절하다.

그 이유는 우선, '비교적 잘 한다'라는 표현을 썼다는 점이다. '잘 한다' '못 한다'는 명확하지 않기 때문에 자신감이 없음을 알 수 있다. 또한 끈기를 갖고 해야 하는 일이라 최선을 다해 완수했다지만 단조로운 일이라는 일의 성격을 말함으로써 스스로 격을 낮추는 말을 했다.

면접관은 이 질문을 통해 지원자가 지원하는 직무에서 일을 하게 될 때 금세 지쳐버리지는 않을지를 정확하게 판단하고자 한다. 또한 지원자가 항시 이런 행동을 하는가 아니면, 특정한 일을 단조롭다고 여기는가에 대해서는 후속 질문을 추가할 필요가 있다. 자세한 정보를 끌어내기 위해 "이 일과 동시에 진행했던 일은 어떻게 했습니까?"라고 묻는 것도 좋다.

▶ **질문 2. 그동안 (영업) 분야의 일을 하면서 많은 고민 끝에 문제를 해결했던 일을 구체적으로 말해주세요.**

지원자A

"상품홍보를 새로 시작할 때의 일입니다. 우리는 신상품의 이미지를 만들기 위해 유명인을 섭외하여 시작했습니다. 상품명을 소비자들에게 알리기 위해 여러 가지 방법을 동원해 홍보했습니다. 우리는 고객명단을 입수해 수백 통의 DM을 발송했습니다. 들어가는 예산도 충분히 배정을 받았습니다. 모든 활동이 신상품 이미지 홍보를 위해 투입되었고 모두 직원이 동참해주었습니다. 결과는 성공적이었습니다."

지원자B

"과거 어느 영업부서에서 일할 때 우리 회사의 문제는 고객 유지관리 능력이 부족하다는 것이었습니다. 저는 부서원들뿐 아니라 관련부서 직원들과도 협력해 문제해결에 나섰습니다. 우선 처음 제가 한 일은 고객의 소리 청취 담당자를 선정하고 수집된 데이터를 분석하고 그것을 자료로 만들어 마케팅부서에 제출했습니다. 마케팅부서도 연계해서 실행해야 할 행동계획을 세웠습니다. 결과적으로 우리는 '고객의 소리를 먼저 듣고 그에 응답하는 정보를 제공한다'라는 효과적인 전략을 세울 수 있었습니다. 이 일의 성공열쇠는 부서 내·외의 관련자들 협력을 얻은 것과 처음 계획대로 제가 주도적으로 실행한 것에 있습니다."

지원자 C

"저는 평소 시장 동향에 관심을 기울이고 있습니다. 시장점유를 확대하기 위해서는 신속한 행동이 필요할 때가 있습니다. 빠르게 변화하는 환경에서 저는 시장변화를 지켜보는 일을 게을리하지 않았습니다. 저는 항상 실행의 효과를 최대한으로 올리기 위해 예산집행에도 최선을 다했습니다. 프리미엄 광고도 몇 개 만들어내 화제를 모은 것도 좋은 평가를 받았습니다. 시장상황이 안 좋을 때도 캠페인을 몇 번 성공했습니다."

> **답변 분석**

지원자 A의 답변은 보통 수준이다.

답변 내용을 잘 보면 '우리'라는 표현은 몇 번이나 등장하지만 '나'라는 인칭을 한 번도 사용하지 않았다는 것을 알 수 있다. 이 답변 내용으로부터 지원자가 그 상황에서 과제해결을 위해 한 역할이 무엇이었는지 알 수 있을까? 지원자는 우리라는 팀의 결속력이 강했다는 것을 보여주는 것이 중요한 것이 아니라 그 일에서 자신이 한 역할에 대해 설명해야 한다. 이 경우 면접관은 지원자의 역할에 대해 추가질문을 하여 지원자가 리더였는지 부하의 입장이었는지 그 문제해결에 어떻게 공헌했는지 추가적으로 파악할 필요가 있다.

지원자 B의 답변이 가장 적절하다.

특정 과제해결에 대해 명확하게 말하기 때문에 가장 적당한 답변이다. 지원자가 어떤 행동을 했는지 순서에 따라 보여주는 것이 가능하고 나름대로의 리더십을 발휘한 모습을 보여줄 수 있다. 이 답변으로부터 지원자 자신은 세심하게 일을 처리하면서 전체적 그림을 파악할 줄 아는 인재라는 것도 파악할 수 있을 것이다. 이런 상황을 더 확인하고 싶다면 추가질문을 통해 어떤 상황에서도 가능한지 여부를 파악하면 좋다.

지원자 C의 답변은 부적절하다.

여기에는 주의해야 할 점이 몇 가지 보인다. 첫 번째로 질문에 대한 바른 답이 아니다. 특정 문제해결에 대한 언급이 없기 때문이다. 또한 시종일관 일반적인 이야기로 답변하기 때문에 지원자 자신에 대해서 명확히 파악해볼 수 있는 점이 없다. 지원자는 이런 유형의 질문에는 처음부터 면접관에게 구체적인 예를 들어 설명해야 하며, 면접관은 그렇게 이야기할 수 있도록 유도질문을 해야 한다. 만약 답변 초기에 그런 답변이 아니라면 이 상황에서는 다음과 같은 추가질문을 할 필요가 있다.

- 프리미엄 광고를 제작했다고 하는데 그게 어떤 일이죠?
- 관련된 실례를 한 가지 더 들어주시겠습니까?

이렇게 질문을 해서 지원자가 지금까지 어떤 일을 했는지 파악해야 한다.

▶ **질문 3. 대인관계서비스 능력이 있다고 했네요. 고객이나 파트너를 상대로 능력을 발휘했을 때 상황을 얘기해주세요.**

지원자 A

"인턴사원 시절에 한 판매원과 고객 간의 교량역할이 되어 문제해결을 한 경험이 있습니다. 판매원은 자신이 판 제품에 납품회사가 보증서를 넣지 않았는데 이 문제로 고객이 반품클레임을 제기했다고 몹시 불평했습니다. 우선 저는 몇 가지 사실에 근거해 관련 자료를 납품 기업에 제출했습니다. 그리고 당시 상황을 자세히 설명하고 문제를 해결하고자 했습니다. 결국 납품 회사 측과 마무리가 잘 되어 판매원이나 고객 모두 이해를 하였습니다. 판매원은 제가 단골고객을 살렸다며 매우 고마워했습니다."

지원자 B

"여러 방문 손님들과 접해온 경험이 있어 고객서비스 능력에 대해서는 많은 칭찬을 들어왔습니다. 고객을 직접 찾아간 경험도, 상점 직원과 협력해서 일한 적도, 판매원과 고객과의 사이에 중간다리 역할을 한 적도 있습니다. 저는 완벽주의 인간이기 때문에 몇 가지 사안을 동시에 수행하는 것도 가능합니다. 고객에게는 최고의 대접을 하고 싶고, 손님의 입장에서 서비스를 제공하고 있습니다."

지원자 C

"기업은 업종을 떠나 고객중심 서비스가 굉장히 중요하다고 생각합니다. 그와 관련하여 인턴생활 중 고객만족 친절상을 받은 적이 있는데, 제가 지원한 직무에 있어 강점이 될 것이라 생각합니다. 저는 원래 사람에 대한 친절서비스 능력이 있기 때문에 서비스아카데미 교육을 받을 때도 그것은 단지 관련 지식을 늘리는 정도라 생각했습니다. 저와 같이 일을 해봤던 사람이라면 누구라도 저에게는 어려운 문제를 해결하는 능력이 있고 고객에게 감사인사를 자주 받는다고 말할 것입니다. 어디에서나 고객서비스는 일의 출발점이라고 확신하고 있습니다."

답변 분석

지원자 A의 답변이 가장 적절하다.

고객서비스 능력을 살려 곤란한 상황을 해결해낸 경험에 대해 이야기하고 있기 때문이다.

대인관계나 고객서비스 능력이 있다고 이력서나 자기소개서에 기재하거나 면접에서 관련된 이야기를 하는 것은 자신의 능력을 주장하는 것이며 장점이다. 그리고 대부분의 지원자는 이렇게 준비하고 대응할 것이다. 다만 여기서 면접관은 그 능력에 대해 구체적 사례를 요구하여 장래에도 성과로 이어질 만한 것에 대해 말한 행동특성을 파악해야 한다. 지원자들 역시 이러한 질문에는 자신의 경험을 중심으로 질문 요지에 초점을 맞추어 효과적으로 말할 수 있어야 한다.

지원자 B의 답변은 보통 수준이다.

B의 답변에서는 자신의 능력에 대해 몇 가지 예를 들고 있지만, 질

문에 대한 답변이 아니다. 고객중심 마인드나 스킬을 살려 실제 했던 행동에 대해 언급해야 한다. 면접관은 질문을 추가하여 고객에게 찾아가거나 판매원과 협력했던 것의 구체적 설명을 확인해야 한다. 면접관이 관련 사례나 추가적인 근거의 예를 들어달라고 했을 때 얘기하지 못하면 지원자의 주장은 아무런 의미도 없는 것이 된다.

지원자 C의 답변은 부적절하다.

이 답변은 질문의 내용을 정확히 인지하지 못하고 있다. 전문 용어를 사용하면서 의견을 이야기하지만 그것을 뒷받침해줄 구체적인 사실에 대한 내용이 없다. 교육이나 상을 받은 경험도 나쁘지는 않지만 관련 지식을 능력으로 살릴 수 있다는 것을 보여주어야 의미가 있다. 이 답변 내용만으로는 지원자가 지식은 풍부하지만 그것을 현장에서 시험한 경험이 없다고 판단된다. 적절한 경험이 있는지를 알아보기 위해서는 "당신은 서비스에 대해 고객에게 어떤 감사인사를 받았습니까? 실제 어떤 일을 하셨습니까?"라고 추가로 물어보아야 한다.

▶ **질문 4. 일을 하다 실수했을 때를 구체적 사례를 들어 설명해주세요.**

지원자 A

"굉장히 마음 아팠던 경험을 한 적이 있습니다. 아르바이트 시절에 손님에게 가격을 잘못 말해버렸습니다. 그러나 제가 제시한 가격을 바꿀 수도 없었고, 가게에 손실을 입혔습니다. 해고는 면했지만 엄한 처벌을 받았습니다. 그 후로 항상 신경을 쓰며 두 번씩 체크했더니 다시 그런 실수는 하지 않았습니다."

지원자 B

"인간은 완벽한 존재가 아니기 때문에 실수는 누구나 한다고 생각합니다. 저 또한 인간인지라 몇 번의 실수를 했습니다. 그러나 실수를 언제까지고 마음에 담아 두지는 않습니다. 실수를 통해 깨닫고 반성하는 데 힘쓰고 있습니다. 다행히 제게 속한 조직이나 타인에게 치명적인 손해를 끼칠 정도의 큰 실수는 한 적이 없습니다."

지원자 C

"패밀리 식당에서 구매직원으로 일했을 때 구입 견적과 주문을 담당했습니다. 어느 날 단체손님 예약이 있었는데 잊어버렸습니다. 요리 재료가 모자란 것을 알아차리고는 근처 슈퍼로 뛰어가서 재료를 구입했습니다. 노련한 고참직원들의 도움 덕분으로 별 탈 없이 넘길 수 있었습니다. 몹시 긴장하고 힘들었지만 계획과 점검의 중요성을 깨달은 좋은 경험이었습니다."

답변 분석

지원자 A의 답변은 보통 수준이다.

A의 답변은 사례를 들고 있지만 그다지 상세하지 않다. 또한 '해고는 면했습니다'라고 하지만 근무수칙 위반이나 업무파악 부족으로 중대한 문제를 일으킨 것은 아닌지 자세히 파고들 필요가 있다. 다음과 같이 질문하는 것이 효과적이다.

"가격이 틀렸다는 것을 알아챘을 때 당신은 어떤 행동을 취했습니까?"

"고객의 화를 가라앉히기 위해 뭔가 행동할 필요는 있었습니까?"

"그 상점이나 조직의 직무절차를 위반했습니까?"

지원자가 실수나 실패 경험의 사례를 이야기할 때는 자기성장과 학습에 도움이 되었던 경험을 구체적으로 이야기할 수 있도록 준비해야 한다.

지원자 B의 답변은 부적절하다.

지원자는 "그러나 실수를 언제까지고 마음에 담아 두지는 않습니다"라고 하지만 그 구체적 예에 대해서 전혀 설명이 없다. 종종 실수를 하는지 아니면 중대한 어떤 실수를 하는지를 모르기 때문에 또 실수의 원인이 어디에 있는지 알 수 없다. 이 답에는 주의가 필요하다. 면접관은 추가질문을 통해 상세히 정보를 알아내야 한다.

"실수를 한 구체적 예와 빈도에 대해 말해주시겠습니까?"

지원자들은 실수 사례가 솔직함으로 비치는지, 무성의한 답변으로 비치는지 무게 중심을 잘 잡아서 신중한 답변을 해야 한다.

지원자 C의 답변이 가장 적절하다.

답변자는 우선 상황을 설명하고 다음으로 문제해결을 위해 한 행동에 대해 이야기한다. 이 행동상황을 보고 긴급한 상황에서도 신속하게 행동하고 실수한 자신이 문제에 책임을 진다는 것을 알 수 있다. 즉, 이 지원자는 실수로 인해 배우는 능력이 있다는 것을 알 수 있다.

▶ **질문 5. 팀이 협력해서 일을 추진했던 경험이 있다면 이야기해 주세요.**

지원자A

"고객서비스 향상 도모를 위해 제가 리더가 되어 프로젝트를 진행했던 적이 있습니다. 우선은 멤버 전원을 모아 미팅을 하고 고객만족도를 높이기 위해 아이디어를 내라고 했습니다. 모든 의견을 표로 정리하고 두 번째 미팅에서는 단기와 장기목표로 받아들여야 할 아이디어에 대해 이야기했습니다. 프로젝트를 원활히 진행하기 위해서 꽤 많은 노력이 필요했습니다. 아이디어를 행동으로 옮길 때는 멤버 한 명 한 명이 목표달성에 공헌하려는 마음으로 임했습니다. 마지막에 저희 팀은 잘 마무리해 완성했다고 많은 칭찬을 받았습니다."

지원자 B

"제가 일을 통해 배운 것은 혼자서는 프로젝트를 성공시킬 수 없다는 것입니다. 프로젝트 리더를 몇 번이나 맡았지만 아이디어를 행동으로 옮기는 것은 각각의 멤버입니다. 저는 커뮤니케이션 능력과 통제력을 최대한 살려 프로젝트를 올바른 방향으로 이끌어갔습니다. 프로젝트를 추진하는 것은 할 수 있지만 팀의 협력 없이는 성공할 수 없습니다."

지원자 C

"프로젝트를 성공시키려면 멤버 각각이 중요한 역할을 수행합니다.

그러기 위해서 리더는 고객의 장기적 요구는 무엇인가 하는 전체상에 주목해 각 멤버를 항상 서포트해야 합니다. 리더는 또한 각자의 노력을 평가해야 합니다. 팀을 잘 정리하기 위해서는 커뮤니케이션 능력이 빠져서는 안 됩니다. 멤버와 늘 연락하는 것은 공동작업에 있어 가장 중요하기 때문입니다."

답변 분석

지원자 A의 답변이 가장 적절하다.

이 지원자는 팀에 어떤 협력을 했는지 구체적으로 설명한다. 또 프로젝트의 성공은 팀 멤버 덕분이라고 이야기하면서 자신의 역할에 대해서도 확실하게 하고 있다. 지원자가 공동작업에 대해 얘기할 때는 '저희'라고 표현하는 것으로 각각의 역할을 명확히 하지 않는 것이 많다. '저희'라는 표현을 들으면 면접관은 각자의 역할에 대해 자세한 정보를 끄집어내야 한다. 물론 A의 답변은 그럴 필요는 없다.

지원자 B도 A와 같은 내용이지만 구체적 예를 들지 않았다. 보통 수준의 답변이다.

"프로젝트 리더를 몇 번이나 맡았다"고 주장하고 있지만 실제 어떤 프로젝트인지 알 수 없다. "혼자서는 프로젝트를 성공시킬 수 없다"라는 것은 훌륭한 생각이지만 구체적 내용을 알 수 없기 때문에 마음속으로부터 그렇게 생각하는지 불분명하다.

"팀을 이루어 다른 팀원과 같이 일했던 구체적 프로젝트에 대해 이야기해주시겠습니까?"라는 후속 질문이 필요하다.

지원자 C의 답변은 부적절하다.

답변 내용이 지원자의 경험담이 아닌 일반적 원론에 가깝다. '저는' 이라고 해야 할 부문에 '리더는'이라고 하고 있다. '저는'이라고 말하면 너무 자신 있어 하는 것으로 들리지 않을까라고 생각하는 지원자도 있다. 그것은 자신 없음의 표현이므로 주의가 필요하다. 면접관이 지원자의 경험을 들으려면 "멤버 각자의 노력을 평가해야 한다고 했는데 실제 어떤 평가를 했는지 그때의 일을 예를 들어 설명해주세요"라고 물으면 좋다.

지원자는 질문의 주제에 대하여 답변할 때 일반적이고 교과서적인 답변을 절대 하면 안 된다. 누군가 잠재능력이 있지만 그 능력 발휘 정도를 확인시켜주기 위해서는 경험담을 떠올려 구체적 상황과 자신의 행동 모습을 자세히 이야기해야 한다. 그동안 면접관으로 활동하면서 면접경험 사례를 보면 지원자들이 질문과 관련된 경험이 없는 경우도 있지만 유사 경험이 있음에도 정리하여 기술하는 능력이 부족한 경우가 많았다.

> ▶ **질문 6. 친구나 선후배들과 갈등 대립관계에 있었던 경험을 이야기해주세요.**

지원자 A

"교내 동아리에 들어가 일을 막 시작했을 무렵, 한 선배 여학생이 저를 억압하는 태도를 보이면서 제 행동을 비난했습니다. 저는 보통 새로운 상황에 잘 적응하지만 그런 경험은 처음이었습니다. 관계가 악

화되기 전에 그 선배와 얘기를 해보고 싶어 뜻을 전달했더니 소극적이나마 그러자고 했습니다. 저는 선배에게 당신이 오랫동안 이 일을 하고 있음을 존경하고 당신을 본보기로 삼고 일하고 있다고 얘기했지만 그는 신입후배에게 일을 가르치는 것은 자신의 역할이 아니라 했습니다. 그래서 저는 그 말뜻은 이해하지만 제가 틀린 것이 있거나 좀 더 좋은 방법이 있을 때 지도해주는 걸로 충분하다고 전했습니다. 그 이후로는 관계도 좋아지고 선배도 저를 좋아하게 됐습니다."

지원자 B

"학습동아리 모임에 항상 지각하는 동료가 있었는데 선배들은 아무런 대책도 내지 않았습니다. 저는 선배들에게 의견을 얘기하려 했지만 선배는 회원관리는 자기 일이라며 남의 일보다 본인 일이나 잘하라고 했습니다. 룰이 있으면 모두가 그에 따라야 하는 것이 당연하다 생각했기에 선배의 태도에 놀랐습니다. 그래서 담당교수에게 이 사실을 보고했습니다. 담당교수가 사실을 알고 있다는 소식에 선배는 당혹스러워했습니다. 후배지도 관리에 일관성이 없다는 것이 밝혀져 결국은 그 동아리를 그만두었습니다."

지원자 C

"저는 다른 사람과 부딪히는 것을 좋아하지 않으며 누구와도 잘 지냅니다. 다른 사람이 짜증을 내면 무시하고 제 할 일에만 집중하려 합니다. 화나는 일이 있으면 혼자 휴식을 취하거나 산책을 하면서 마음을 가라앉힙니다. 지금까지 여러 사람과 같이 부딪힐 뻔한 적이 몇 번 있었지만 그런 것은 쓸데없는 일이라 생각합니다. 부딪쳐도 짜증만 날 뿐 자기 일에 집중하는 편이 현명하다고 생각합니다."

> 답변 분석

지원자 A의 답변이 가장 적절하다.

당사자 간 커뮤니케이션을 통해 대립을 해결했다는 훌륭한 답이다. 질문의 요지를 잘 파악한 적절한 답변이며 지원자의 인성도 잘 나타남을 알 수 있다. 상대방과의 대화에서도 상대에게 예의를 표하면서 정중하게 대한다. 미래 가능성을 예측한다면 일할 때에도 세심한 사항을 금방 이해하는 능력을 갖고 있고 타인을 배려하고 존중하는 태도로 원만한 관계를 유지할 것이라 판단된다. 지원자들은 이 지원자의 답변에서 1석 2조의 효과를 볼 수 있는 것임을 알 수 있어야 한다. 질문에 대한 답변 사례가 질문의 핵심에 대한 답변이면서 그 행동 속에서 자신의 인성과 태도, 관련 지식이 묻어나도록 표현하고 구조화하는 것이 최상이다.

지원자 B의 답변은 보통 수준이다.

그러나 답변에는 주의 깊게 봐야 할 점이 있다. 지원자는 만일 조직 내에서 애매한 상황이 주어지면 잘 대응하지 못 할 가능성이 있다. 흑백을 확실히 하지 않으면 내키지 않는 일이라 생각할 수 있다. 이 경우에는 집단 룰을 어겼다는 부분에만 주목하고 선배에게 얘기했음에도 또 다른 윗사람에게 불만을 호소하고 있다. 즉, 이 지원자는 충분히 주의하지 않으면 안 된다. 융통성이 없다는 것을 보여주는 것은 아닐까? 면접관은 이 지원자가 기업문화에 맞는 사람인지, 룰을 지키는 것에 너무 엄격한 것은 아닌지 판단할 필요가 있다.

지원자 C의 답변에는 몇 가지 불충분한 것이 있다.
우선 "다른 사람과 부딪히는 것을 좋아하지 않습니다." 등 표현이 너무 막연하다. 또한 "누구와도 잘 지내고 있다"라고 하면서 "대립이 있을 뻔한 적이 몇 번 있었다"라는 모순된 표현을 하고 있다. 지원자가 문제해결을 위한 적극적인 행동을 하지 않고 소극적으로 대응하는 점을 주의해 판단해야 한다.

지원자가 자기 이야기를 할 때 겸손함을 표현하다 보면 자기가 주장하는 문장 간 전후가 모순되는 경우가 발생하기도 한다. 모순되거나 논리적이지 않은 답변을 주의해야 한다. 때로는 면접관이 지원자의 주장을 정확히 이해할 수 없어 인재로서의 가능성을 판단하는 데 어려움을 겪기도 한다. 지원자가 주장하는 상황을 정확히 알 수 없기 때문이다. 그러나 답변한 내용 중에서 앞뒤 모순이나 비약, 결함요소 등을 찾아내는 일은 비교적 쉽다.

> ▶ **질문 7. 살면서 리더십을 발휘했던 일이 있다면 예를 들어 얘기해주세요.**

지원자 A
"저는 지금까지 모든 일에 리더를 맡았습니다. 학창시절에는 교내 동아리 대표였습니다. 저의 장점은 커뮤니케이션 능력이 뛰어나다는 것입니다. 동아리 일을 시작하고 바로 많은 학우들과 이야기하는 것이 중요하다는 것을 배웠습니다. 타동아리 운영진뿐만 아니라 우리 동아리 회원, 학교 측 관계자와의 커뮤니케이션도 중요합니다. 서로 칭찬하고 인정해주는 것은 업적과 연결된다고 믿고 있습니다."

지원자 B

"학교 축제행사 때 코너 판매 책임자로서 저는 네 명의 후배학생들과 팀을 만들어 일을 했습니다. 전략적이면서 때로는 기술적으로 팀을 리드했고 저희 팀은 최신 유행하는 홍보방식을 도입하였고 그 결과 목표만큼 실적을 올릴 수 있었습니다. 이것도 팀이 하나로 노력한 결과라 생각합니다. 당시의 팀원들은 앞으로도 분명히 저와 함께 일하고 싶다고 생각할 것입니다."

지원자 C

"한 교내 프로젝트의 운영을 맡았을 때 저는 계획수립과 업무수행에 최선을 다했습니다. 처음 한 일은 참여 학생들과의 미팅을 통해 우리 프로젝트의 성공요소와 멤버들의 가장 뛰어난 점을 찾는 일이었습니다. 저는 팀원들에게 편안하게 의견을 얘기하도록 했습니다. 일을 하기 위해서는 소통하는 일이 중요하다고 생각하기 때문입니다. 여러 번의 미팅 후에 모든 의견을 반영한 추진 계획을 발표했습니다. 멤버들과 이렇게 한마음 한뜻으로 합심하여 일한 적이 없었습니다. 활동계획에 모두를 참여시킨 것이 프로젝트 성공에 크게 기여했다고 봅니다."

답변 분석

지원자 A의 답변은 부적절하다.

A는 답변 내용이 질문의 요점과 동떨어진 일반론적인 이야기이다. 지원자가 일반론을 이야기한다면 면접관은 구체적 예를 요구해야 한다. "이해 관계자들과 어떤 식으로 커뮤니케이션을 시도하였는지 구체적으로 설명해주세요"라고 이어나가야 한다. 실제 면접장에서 지원자가 질문의 요지를 벗어나 구체적인 경험을 말하지 못하고 일반론적인 이야기를 할 때는 관련 경험이 없는 경우로 보고 행동평가에 낮은 점수를 줘야 한다. 그러나 지원자의 현란한 화술과 좋은 이미지, 관련 지식이 충분한 듯 보이는 어휘사용, 논리적인 전개 등에 현혹되어 관련 역량이 높은 것으로 오판을 하는 경우가 있다.

지원자 B의 답변은 보통 수준이다.

B의 답변은 성공요소는 들어가 있지만 구체성이 없다. 리더십과 책임감에 대해 말하고 있지만 그 뒷받침이 될 만한 것이 없다. 이 얘기대로 성공을 거둔 것인지 알아내기 위해서는 정보를 더 얻기 위해 질문할 필요가 있다. 리더십 능력에 대해 알기 위해 "어떻게 팀을 조직하고 운영했습니까? 실례를 들어주세요"라고 물으면 좋을 것이다.

지원자 C의 답변이 가장 적절하다.

얘기를 듣는 것의 중요성에 대해 이해하고 있음을 볼 수 있고, 지원자는 커뮤니케이션 능력이 있는 것을 알 수 있다. 또한 단순히 프로젝트를 진행시키는 것이 아니라 협력해서 일하는 능력도 있음을 알 수 있다. 적어도 지원자는 이해관계자들과 소통하고 리드하는 기술이 탁월함을 알 수 있다. 미래에 채용될 경우 기존 사원과 함께 일을 시켜도 잘 협력할 수 있고 리더십을 발휘할 수 있을 것이라 판단된다.

지원자는 리더십의 요소를 폭넓게 이해할 필요가 있다. 이 질문에 대하여 크고 거창하고 웅장한 일을 한 것만이 리더십을 발휘한 경우로 짐작하고 답변을 못 하는 경우도 많다. 일상에서 자신이 경험한 일에서 주도적으로 타인에게 영향을 미쳐 원하는 결과를 추구했다면 리더십 소재로 얼마든지 활용할 수 있다.

질문 의도와 답변 포인트

인사채용에서 면접관의 면접질문 속뜻은 무엇일까? 이 부분에 관해 알아보는 것도 면접관과 지원자의 궁금증을 해소하고 질문과 답변의 수준을 높이는 데 많은 도움이 된다.

해당 질문에 대한 정답은 없을 수 있다. 그러나 최적의 답변이 무엇인가는 생각할 수 있다. 이는 면접관의 질문 의도를 정확하게 파악하는 것에서부터 출발해보고자 한다.

면접관이 해당 질문을 하게 된 상황적 요인에 따라, 의도하는 답변 내용이 달라질 수 있다. 중요한 것은 어느 질문이나 그 질문의 의도를 명확히 파악하고, 의도에 적합하도록 자신의 의견을 충분히 표현하는 것이다. 앞에서 해외 유명기업의 CEO가 직원 면접을 할 때 반드시 묻는 질문들과 그 이유에 대하여 소개한 바 있다. 다시 한 번 기업의 규모나 업종에 관계없이 공통적으로 많이 나오는 질문 중심으로 질문 의도와 평가 포인트를 따져보자.

● 질문 의도와 평가 포인트

* 당신에 대해 얘기해보세요.

가장 먼저 묻는 것이 '본인의 배경에 대해 이야기해보세요'이다. 이렇게 어떤 제한을 두지 않고 개방적인 질문은 대화를 가볍게 시작하는 좋은 방법이다. 이 대화를 통해 지원자가 단계적으로 대화를 이끌어가는 사람인지, 간결하게 말하는지, 직설적인지, 스토리텔러인지, 재미있는 사람인지, 주제를 벗어나 얘기하는지 등을 파악할 수 있게 해준다. 여러 가지의 대화 방식들은 특정 직무나 포지션에 적합한 경우일 수 있거나 그렇지 않을 수 있음을 판단할 수 있게 해준다.

* 당신의 장점은 무엇입니까?

자기 분석과 적성을 충분히 알고 있는지 파악하기 위한 질문이다. '적극성', '협력적'이라는 추상적인 표현은 피하고 '어떻게 얼마나 적극적인가'를 자신의 언어로 표현해야 한다. 특히 업무와 연결시켜 자신의 장점을 회사에서 필요한 영역에 어떻게 적용할지 강조하는 것이 핵심이다.

* 당신의 단점은 무엇입니까?

업무를 수행하는 데 문제가 될 만한 단점을 파악하고자 하는 질문이다. 만일 지원자가 그 해당 업무 수행에 장애가 될 만한 단점이 있다면 선택을 하지 않게 된다. 단점을 말한 후 이를 극복하기 위해 어떻게 했는지, 또는 단점을 보완해줄 수 있는 장점을 언급하는 것이 필요하다.

* **살면서 가장 힘들었던 일과 어떻게 극복하였는지를 이야기해주세요.**

과거의 사례를 통해 앞으로 직장생활을 하며 겪게 될 많은 어려움을 지원자가 어떻게 받아들이고 극복해나갈 것인지를 가늠해보고자 하는 질문이다. 실제 사례를 언급하면서 당신의 극복과정과 결과를 다시 한 번 강조하기 바란다.

* **살아오면서 좌절한 적이 있습니까?**

힘든 시기를 어떻게 극복했는지 그 과정을 통해 지원자의 의지나 가치관, 행동특성을 파악하기 위한 것이다. 구체적으로 자신의 경험을 말하고 이를 통해 배운 것을 추가적으로 언급하는 것이 좋다. 학교 동아리 활동을 하면서 인간관계로 인한 고민이나 갈등사례보다는 가치 지향적인 도전적인 일과 관련된 이야기가 좋다.

* **팀으로 했던 일의 사례를 말해주세요.**

이 질문은 당신이 팀의 일원으로 잘 화합하는지 아닌지를 파악하기 위한 질문이다. 팀으로 일을 하면서 어떻게 능력을 발휘해 어떤 결과를 이룰 수 있는지 분명하게 보여주어야 한다. 사례를 언급하면서 당신의 역할이나 기여점을 다시 한 번 강조하기 바란다.

✽ 만약 상사나 동료들과 갈등이 있다면 어떻게 하겠습니까?

어느 조직이나 의견 충돌과 대인 갈등은 상존한다. 문제는 이러한 갈등요인들을 어떻게 풀어내는가에 따라 발전하거나 쇠퇴하는 조직으로 변할 것이다. 따라서 면접관은 채용에 있어서 지원자의 문제해결 능력, 대인관리 능력을 반드시 사전에 점검하고자 하는 것이다. 합리적 사실에 근거하여 상호 합의점을 도출하는 능력이 있을 것이라는 가능성을 보여주어야 한다.

✽ 스트레스는 어떻게 해소하나요?

직장생활은 스트레스의 연속이라고 할 만큼 일과 인간관계가 스트레스 요인이 되어 일의 능률을 떨어뜨리고 일에 대한 의욕까지 상실하게 만든다. 면접관은 지원자가 어떻게 스트레스를 푸는지, 스트레스를 잘 받지 않는 지혜로운 사람인지 판단하고 싶어 한다. 나만의 스트레스 해소법, 그것을 통해 얻게 되는 새로운 활력소를 공개하여 공감을 불러일으킨다면 좋은 평을 받을 수 있다.

✽ 당신은 왜 이직하였나요?

이직에 대한 질문은 중요하다. 전 직장을 어떻게 묘사하고 왜 그곳을 그만두었는지를 설명하는 방식은 전 직장 자체와 그만둔 실제의 이유보다 더 중요하다. "무언가에서 도망치는 것인가, 아니면 무언가를 향해 도전하는 것인가." 이직을 하는 것은 피할 수 없지만 열정적으로 무언가를 향해 뛰어든다는 설명은 이직의 이유를 표현하고 이해하는 데 훨씬 더 생산적인 방법이다.

면접질문에 대해서 지원자는 모든 항목을 예시로 만들어 준비할 수는 없다. 중요한 것은 면접관이 의도하는 바를 정확히 인지하여 답변해야 한다.

* 왜 다른 회사가 아니라 우리 회사를 지망했습니까?

회사의 어떤 점에 이끌렸는지, 회사에 정말 도움이 되고 오래 일할 사람인지 아니면 회사가 제공하는 안정, 혜택과 명예에만 관심이 있는지를 파악하려는 질문이다.

자신의 자질이 그들이 찾는 필요조건에 얼마나 잘 맞는지를 설명하라. 지원동기가 명확하지 않다고 판단되는 경우, 잘 묻게 되는 질문이다.

* 우리 회사에 입사한다면 어떤 일을 하고 싶습니까?

희망직종과 그 이유를 묻고 있다. 영업이라고 답변하는 편이 평판이 좋다고 생각하는 사람이 많을지 모르겠지만, 영업 이외에도 여러 가지 일의 분야가 많기 때문에 자신이 하고 싶은 일을 명확히 구체적으로 표현하는 것이 좋다.

* 당신을 채용하면 우리 회사에 어떤 이점이 생기나요?

기본적으로 지원자의 의지를 묻는 질문이다. 정신력과 지력·체력을 바탕으로 이 회사를 위해 무엇을 할 수 있는지 단적으로 답변할 수 있는 것이 바람직하다. 특별히 사업적으로 구체화할 수 있는 대안이 아니어도 괜찮다.

* 입사 후 자신이 회사와 맞지 않다는 생각이 든다면, 어떻게 할 건가요?

귀속의식을 묻고 있다. 최근에는 입사하고 얼마 되지 않아서 회사를 그만두는 사람들이 적지 않기 때문에, 이에 대한 의사를 확인하는 것이다.

* 원치 않는 부서에서 일해야 한다면 어떻게 하겠습니까?

지원자가 희망 직종에 얼마나 관심이 있는지 살펴보고 그 직종에서 자신이 맡을 역할을 제대로 알고 있는지를 판단하려는 것이다. 때로는 지원자의 스펙이나 역량에 따른 지원직무가 아닌 타 직무를 권유하는 것일 수도 있다. 따라서 지원 직종에 대한 자신의 관심과 열의를 충분히 설명하되 면접관의 의견을 존중하여 '경험과 배움의 기회로 삼아 열심히 해보겠다'는 정도의 답변 정도면 무난하다.

* 당신이 참여했던 프로젝트(일)는 무엇인가요?

이 질문에 한 답변을 들을 때 면접관은 지원자의 표현에 주목해야 한다. 실행의 주체가 누구인지, 즉 '나'와 '우리'를 주의 깊게 듣는다. 그리고 지원자가 그 프로젝트 결과에 영향을 미친 어떤 일을 했는지 정확하게 파악해야 한다.

* 대학생활 중 어떤 일에 몰두했습니까?

학창시절은 어떻게 보냈는지, 또 그것을 통하여 무엇을 얻었는지를 묻고 있다. 지원자는 단순히 자랑으로 끝내지 말고 거기에서 무엇을 얻었고 어떻게 자신이 성장했는지까지 말할 수 있으면 좋다.

* 학창시절에 어떤 아르바이트를 해보았습니까?

내용보다는 '그 아르바이트를 통하여 무엇을 배웠는가'를 말할 수 있으면 높은 평가를 받게 된다. 여러 가지 아르바이트를 너무 많이 나열하면 '무엇을 하든지 오래하지 않는다'고 보이기 쉽다. 아르바이트를 통해 얻게 된 점, 느낀 점을 솔직하게 얘기하는 것이 가장 좋다.

* 최근 뉴스에서 가장 관심이 있는 화제는 무엇인가요?

시대적 이슈나 트렌드에 대한 관심, 변화에 어느 만큼 민감한지와 사고력을 묻는 질문이다. 자신이 관심을 두는 영역의 주제와 관련된 이야기를 새로운 관점으로 논리적으로 서술하면 좋다.

* 최근에 즐겨 읽은 책은 무엇입니까?

학습능력과 지적 호기심, 지적수준, 주된 관심영역을 알아보기 위한 질문이다. 너무 어려운 책들만 늘어놓는 것도 좋지 않다.

* 존경하는 인물은 누구인가요?

관심사항과 목표를 묻는 일반적인 질문이다. 주변의 인물도 좋지만 '어떤 점이, 또 그것에 대해 자신은 어떤 목표를 갖고 있는지'까지 말하는 것이 좋다. 가능하면 이름 정도는 알고 있는 인물로 하는 편이 면접관의 이해를 높이는 데 유리하다.

* 10년 후의 당신은 어떤 모습일 거라고 생각되나요?

장래성과 관심도를 묻는 질문으로 확고한 장단기 목표와 그 목표를 이루기 위한 구체적인 행동을 보여주는 것이 중요하다. '여행을 한다', '가정을 가진다'와 같은 사적인 이야기는 그다지 높은 평가를 얻을 수 없다. 직무와 직장에 관한 화제를 가지고 열의를 나타내는 것이 좋다. 특히 주의할 것은 이력서나 인터뷰의 내용들과 일관성이 있게 답해야 한다.

* 우리나라에는 주유소가 몇 개 정도 있다고 생각됩니까?

지원자의 논리력, 문제해결력과 창의력 등을 요구하는 것으로 맞고 틀림은 그다지 중요하지 않다. (예시적 답변: 주유소의 월 평균 매상을 2억 원 정도로 가정하고, 1인당 월 가솔린 평균 사용량을 4만원이라고 생각하면, 한 주유소당 고객 수는 약 5,000명이 된다고 생각합니다. 또한 우리나라 인구로부터 추산하여 우리나라 전체에 차가 5천만 대 정도 있다고 하면 5천만÷5,000=10,000 따라서 주유소는 5만 개 정도가 있다고 추측합니다.)

* 학점·영어성적이 너무 낮은 게 아닙니까?

면접관이 서류전형에서 이미 지원자의 입사지원서를 검토했고 낮은 스펙에도 불구하고 면접에 참여할 기회를 준 것이다. 따라서 당황할 필요는 없다 지원자에게 그 스펙을 커버할 만한 다른 장점이 있는지 확인하기 위한 것이며, 불리한 상황에 대처하는 지원자의 자세를 보고 싶어 하는 것이다. 낮은 스펙임을 인정하되 그를 대신할 수 있는 자신의 강점을 당당히 밝힌다면 순발력과 자신감을 가졌다는 인상을 줄 수 있다.

* 영업직에 대해 어떻게 생각합니까?

일의 적성과 각오를 묻고 있다. 특히 최근 영업실적이 좋지 않은 기업이 많은 만큼 진취적인 자세와 센스가 중요하다.

* 지금까지 가장 기뻤던 일은 무엇입니까?

각각의 '가치관'을 알기 위한 질문이다. 단순히 '사건'뿐만이 아니라, 거기에서 어떤 행동을 했으며 얻은 기쁨과 가치는 무엇이었는지를 말할 수 있도록 준비한다.

* 직장인과 학생의 차이는 뭐라고 생각합니까?

직장인으로서의 각오와 행동방식을 묻고 있다. 자신의 가치관(책임감, 성실 등)을 주제로 삼아 의욕적인 모습으로 의견을 기술해야 한다.

* 일에 대한 당신의 사고방식은 어떤가요?

얼마만큼 일에 대한 진취적인 자세와 정열이 있는지를 묻고 있다. '자신이 무엇 때문에 일을 하는지'를 차별적이지만 이기적이지 않게 설명한다.

* 취미나 특기가 무엇인가요?

취미나 특기의 가치는 중요하지 않다. 다만 그 활동을 통해 무엇을 발견했는지, 어떤 점이 자신의 삶에 긍정적인 요소로 작용하는지 등 보다 진보적인 견해를 말할 수 있으면 좋다. 추가한다면 좀 더 자신의 특별한 일면을 부각할 수 있는 이야깃거리가 있으면 좋다.

* 우리나라 경제가 향후 어떻게 될 거라 생각됩니까?

기업은 기본적으로 외부환경에 민감하기 때문에 경제에 관해서 어느 정도 관심이 있는지를 묻는 질문이다. 특히 전문가 같은 설명은 필요치 않지만 경제나 기업에 미치는 영향 등을 다각도로 답변할 수 있어야 한다.

* 이것만큼은 남에게 질 수 없다고 생각하는 것이 있나요?

'자신만의 차별점'을 딱 잘라 묻고 있다. 자신의 '무기'가 무엇인지, '지력'인가, '체력'인가, '근성'인가… 이런 것을 명확하고 구체적으로 말할 수 있으면 좋다. 가능한 한 경험을 바탕으로 이야깃거리를 활용하는 편이 좋다.

* 상사가 부당한 지시를 내리면 따르겠습니까?

조직이나 상사에 대한 '충성도'를 시험하는 질문이 아니다. 지원자가 '지시 수행'과 '도덕 준수' 양 쪽을 모두 만족시킬 만한 '합리적 사고'가 가능한 사람인지를 본다. 그러므로 상사의 지시에 맹목적으로 순응하겠다는 답은 바람직하지 않다. '도덕이나 사회규범을 거스르지 않는다면 일단 따르겠다는 전제하에 의견을 펼치는 것이 좋다.

* **마지막으로 하고 싶은 얘기가 있나요?**

어떤 면접관이라도 습관적으로 물어보게 되는 질문이므로 준비를 해두는 것이 좋다. 지원자 중 누가 지원 회사에 대해 많이 연구했고 적극적이며 준비를 잘 했는지 판명되는 질문이다. 질문을 충분히 하되 면접관에게 부담을 줄 정도의 질문은 자제한다.

* **혹시 우리에게 물어볼 말이 있나요?**

마지막 이 질문은 지원자가 면접관에게 질문이 있는가이다. 이 질문은 지원자가 면접관의 미션에 대해 사전조사를 얼마나 잘 했는지, 지적 호기심을 가지고 있는지 증명해준다.

많은 질문을 해야 하고 또 그 답변을 잘 들어야 한다. 다음 질문에 대해 생각하지 말고 점심에 무엇을 먹을지도 생각하지 마라. 들어라! 왜냐하면 그 답변 속에 지원자가 묻고 싶은 또 다른 질문들이 적어도 네 가지는 들어있기 때문이다.

● **면접을 대하는 태도와 전략** : 지원자에 대한 마지막 조언

사실 면접 준비는 많이 하는 것도 중요하지만, 정확하고 올바르게 하는 것이 더 중요하다. 핵심을 언급하자면, 면접을 준비할 때 가장 중요한 것은 역지사지의 관점이다. 외모에 과도한 신경을 쓰거나 모범적 답변에 공을 들이기보다는, 인재상이나 평가기준에 맞추어 진지하면서 당당하게 답변하는 것이 최선이다.

- 지원자의 입장(수준)에서 면접을 판단하지 마라(역지사지).
- 자신만의 실력과 스토리를 쌓아나가라.
- 자기 자신의 특성(강약점)을 객관적으로 보라.
- 면접장에서는 자신 있고 명료하게 답변하라.
- 면접관의 질문 의도와 핵심을 정확히 파악하라.
- 지원하는 기업의 인재상과 필요 역량을 분석하라.

이선구 박사

서울대학교 대학원 경영학과 졸업(경영학 석사), 성균관대학교 대학원 경영학과 졸업(경영학 박사). 현재 한국HR진단평가센타의 대표 컨설틴트이며, 공공부문(행정기관, 공단/공사 등) 역량평가위원, 국가고시 면접심사위원, CEO추천위원 등을 수행하고 있다. 성균관대학교 경영학부 겸임교수, 조흥투자자문(주) 연구위원을 역임했다.

저자는 역량모델링 및 역량 중심의 인사관리 및 인재개발(CBHR) 방법론을 국내 최초로 개발하여 기업에 보급하는 역할을 선도적으로 수행해온 '역량' 분야의 개척자이며, 오랫동안 역량평가(AC)와 구조적 면접 등 인사선발 체계의 선진화와 관련된 컨설팅 및 양성 훈련 활동에 몰두해온 인재평가 전문가이다. 저서로는 『이슈! 비즈니스 이슈를 해결한다』, 『역량평가 역량면접』 등이 있다.

이메일 : pioneer0215@naver.com

홍성원 박사

고려대학교 대학원 경영학 석사(인사조직), 명지대학교 대학원 경영학 박사(인사조직), 기아자동차(주) 인재개발원, 경기대학교, 중원대학교외 다수 대학 강의, (현) 엘앤아이컨설팅(주) 대표.

저자는 인사관리 및 NCS(국가직무능력표준) 컨설팅을 수행하고 있으며 다년간 역량평가(AC)와 면접심사, 취업준비생 면접교육 등에 전념해온 인재평가 및 역량개발 전문가이다 기업이나 공공기관에서 역량평가, 리더십 개발, 직무역량 스킬을 높이기 위한 교육훈련도 더불어서 함께 하고 있다 특히, 문답식 교육법을 통해 학습자들의 사고수준을 높여주고, 개인과 조직의 이슈에 대하여 본질 중심의 해결책을 찾는 데 힘을 쏟고 있다.

이메일 : hrd114@hanmail.net